KB195033

청소년을 위한
종교 공부

청소년을 위한 종교공부

초판 1쇄 2021년 12월 6일
지은이 박정원 | **편집** 북지육림 | **본문디자인** 운용 | **제작** 제이오
펴낸곳 지노 | **펴낸이** 도진호, 조소진 | **출판신고** 제2019-000277호
주소 서울특별시 마포구 월드컵북로 400, 5층 19호
전화 070-4156-7770 | **팩스** 031-629-6577 | **이메일** jinopress@gmail.com

청소년을 위한
종교 공부

박정원 지음

종교적 삶의 아름다움을 보여주신

나의 엄마 —

그리고 삶의 등불이 되어주신

나의 아버지에게 —

차례

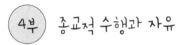

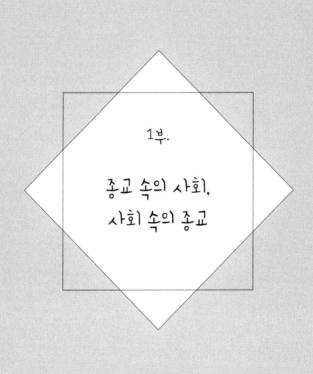

1부.

종교 속의 사회,
사회 속의 종교

1장

종교인의 세계
— 이판사판

종교인에 대해
호감도 생기고 경멸도 생기는 이유는?

종교인을 보고 우리는 그 종교에 대해 호감을 갖기도 하고 경멸감을 느끼기도 합니다. 종교 지도자로 알려져 있는 사람부터 일상적으로 만날 수 있는 신앙인들에 이르기까지, 또 우리 문화와 친근한 종교부터 낯선 종교에 이르기까지 전 세계적으로 종교는 어쨌든 종교인의 모습을 통해 가장 투명하게 평가될 수 있습니다. 그렇기에 우리에게 비교적 익숙한 불교 스님이나 유교 선비, 기독교나 천주교의 성직자를 비롯해, 우리에게 좀 낯선 힌두교인이나 이슬람교인, 무속인까지, 다양한 종교인들을 바르게 이해하지 않으면 갈등이 일어날 수 있습니다.

물론 우리 각자는 어떠한 종교도 선택하지 않고 무종교인으로 살아갈 수도 있고 특정한 종교를 선택하여 종교인으로 살아갈 수도 있습니다. 그렇다 해도, 우리는 종교를 가진 사람들과 그 사람들의 삶의 모습을 바르게 이해할 필요가 있습니다. 바른 이해는 편견과 혐오로부터 우리를 자유롭게 해주기 때문입니다.

한 개인이 자유의지에 의해 특정한 종교를 선택할 수 있다고 해봅시다. 그런데 시장에서 상품의 질을 꼼꼼하게 살펴보고 구입하는 것과 달리, 우리는 의외로 특정한 종교를 받아들여 종교인으로서의 삶을 살겠다고 결정하기 전에 충분히 심사숙고하지 않는 경우가 많습니다. 종교는 시장에서 상품을 사는 것과는 비교조차 할 수 없는, 일생일대의 중요한 선택인데도 말이지요, 일생을 함께 살아갈 배우자도 생각 외로 쉽게 결정해버리는 것과 마찬가지입니다.

이런 형편이 된 데에는 사정이 있습니다. 우리가 이 세상에 태어나기 전에 내 가족이 특정한 종교적 문화권에 소속되어 자연스럽게 그 종교를 믿는 생활을 시작했을 수도 있습니다. 또는 결혼이나 이주를 통해, 혹은 인상적인 어떤 만남의 인연에 의해 특정 종교의 신념이나 가치를 받아들여 종교인이 되었을 수도 있습니다. 순수하게 어떤 종교의 교리를 깊고 넓게 분석하고 충분히 검토한 후에 그 종교를 믿겠다고 선택하는 경우는 그리 많지 않습니다. 종교의 교리나 가치관에 대한 이해는 나중에 따라오거나 아니면 나중에라도 충분히 검토되지 않는 것이지요.

문제는 이런 사정 때문에 종교인에 대한 수많은 오해들이 빚어지고, 종교적 삶에 대한 왜곡도 일어난다는 점입니다. 내가 믿는 종교가 어떤 것이든, 종교적 삶에는 공통적인 점들이 있는데, 이 공통적인 점들을 바르게 이해하는 것이 꼭 필요합니다.

사실 종교적 선택만큼 그 사람의 일생에 막대한 영향을 미치는 것은 없습니다. 안타깝게도 이 점은 오랜 세월 동안 검증이 되지 않은 신흥 종교일수록 더 크게 나타납니다. 신흥 종교가 모두 사이비 종교나 이단 종교는 아니지만, 신흥 종교의 부흥 과정에서 순수한 종교적 필요가 아니라 종교 외적인 요인이 더 중요한 활동으로 강조되는 일이 많기 때문에 조심해야 합니다. 종교적 삶을 바르게 이해하기 위해서는 먼저 순수한 종교적 필요에 의한 활동과 종교 외적 요인에 의한 활동이 이들의 삶에 어떤 모습으로 나타나고 있는지 살펴보는 것이 중요합니다.

종교인은
이판과 사판 두 세계를 산다

어떤 종교인의 삶에서 왠지 모를 성스러운 면을 볼 수 있었다면 그것은 무엇 때문일까요? 그와는 정반대로 어떤 종교인의 삶에서 모순과 거짓, 위선적인 면을 볼 수 있었다면 그것은 무엇 때문일까요? 종교인은 어떤 세계를 살기에 이렇게 양 극단적 모습을 보일 수 있는 것일까요?

종교는 우리에게 두 종류의 세계에서 살도록 만듭니다. 종교적 삶은 단층집이 아니고 이층집입니다. 종교인의 삶이 양면적인 것처럼 보이는 이유가 있답니다. '이판사판'이라는 말이 있습니다. 일상적으로 "이판사판이다!" 이렇게 말하면, 막다른 골목에 이르른 필사적인 모습을 연상하게 되는데요. 하지만 원래 이 말은 불교에서 유래된 것입니다. 이판과 사판은, 곧 두 세계를 가리키지요. 이판은 이치가 적용되는 세계이고, 사판은 실제 생활이 펼쳐지는 세계입니다.

불교 스님들은 그들의 종교적 공동체를 운영하기 위해 업무를 나누었는데 이판을 담당하는 스님들은 수행에 전념하고 사판을 담당하는 스님들은 절의 운영을 위한 여러 사무들을 맡았습니다. 이판승과 사판승인 것이지요. 종교인도 몸을 가지고 세상을 살아가야 하기 때문에 의식주 생활을 해야 합니다. 그러니 종교 공동체에서는 특정 종교인들이 순수한 종교적 수행 활동에 전념하도록 하고 다른 종교인들은 종교인이면서도 세속적인 성격의 업무, 경제 활동 같은 업무를 담당하도록 하는 것이지요.

불교뿐 아니라 기독교도 마찬가지입니다. 교회는 성직자들과 장로들이 함께 교회의 업무를 보는데 성직자들은 종교적 성격에 충실한 연구와 설교 활동을 하고, 장로들은 교회 조직의 운영을 위해 제반 업무를 담당합니다. 물론 모든 종교 공동체는 소속 신도들의 헌금을 토대로 조직을 꾸려나가는 것을 원칙으로 하지만 종교 조직이 교육이나 의료, 복지, 산업 등과 관련된 부설 사업을 벌여 수익 활동을 하기도 합니다.

하지만 여기서부터 문제가 복잡해지기 시작합니다. 신분은 분명히 종교인인데, 이들 종교인들이 순수한 종교적 활동에만 종사하도록 한다면 아마도 생존을 유지하기가 쉽지 않을 것입니다. 국가가 무상으로 이들의 생활을 지원하는 방법도 있습니다. 덴마크 같은 나라는 한때 교회가 국가에 소속되었고, 모든 종교 지도자는 공무원 신분이었습니다. 그러나 이 경우에도 종교 지도자들의 삶이 언제나 성스러웠던 것은 아니었어요. 그래서 덴마크의 종교철학자 키에르케고어 같은 사람은 덴마크 국교회의 문제를 지적하면서 '참된 기독교인이 되는 길'에 대해 치열하게 사색하고 그 사색의 결과를 글로 발표하면서 당시 덴마크 국교회 종교인들과 싸우기도 했습니다.

종교인의 언어는
1층이 아니라 2층이다

　　　　종교인의 세계가 이판과 사판이라는 이중적 세계에 놓여 있기 때문에 조심해야 할 점이 또 있습니다. 종교인들이 사용하는 언어의 문제입니다. 종교 교리를 이해하고 실천할 때 부딪치는 문제이지요. 종교에서 사용하는 언어는 은유적이고 상징적입니다. 종교인의 언어는 우리가 일상생활에서 상식적으로 사용하는 언어와는 차이가 있습니다. 그리고 바로 이 차이를 제대로 분별할 수 있게 해주는 게 종교 지도자들의 의무입니다.

　　그러나 오늘날 적지 않은 종교 공동체에서 활발한 종교적 토론과 질문들이 사라지고 있습니다. 종교 지도자의 설교에 이의를 제기하거나 반론을 제기하여 서로 치열하게 지적인 사색과 탐구를 하는 전통도 점점 찾아보기 어려워졌어요. 종교 지도자의 설교나 가르침은 너무나 당연하게 받아들여집니다. 그래서 오히려 신앙생활에 큰 영향을 미치지 못합니다. 그렇게 실제적인 삶의 빈틈에 종교적 내용 대신 다른 내용이 들어오기 시작합니다. 종교인과 종교 공동체가 생존하기 위해 불가피하게 받아들였던 사관의 문제가 오히려 핵심적인 자리를 차지하게 되는 거예요.

이제 종교의 부정과 부패, 변질 가능성이 생길 위험이 보입니다. 얼마 전에 우리나라에서 사회적 문제가 된 사이비 신흥 종교의 활동을 예로 들어볼까요? 이 조직에서 가장 중요한 목표는 종교 조직 자체의 규모 확대와 정치경제적 세력화인 것으로 드러났습니다. 이들은 자기들의 종교로 신자를 끌어들이기 위해 거짓을 '수단'으로 활용합니다. 전도를 위해서라면 어떠한 비윤리적 수단도 정당화합니다. 목표로 삼은 신자의 수가 달성되면 더 많은 신자와 더 많은 헌금으로 건물을 짓고, 정치계와 여러 세속적 조직에 영향력을 행사합니다. 세속적 세계에서 건물을 어마어마하게 짓고 영향력을 행사하는 것이 이 종교 집단의 중심 목표가 되어버린 것이죠.

다행히도 이 종교 집단의 문제가 사회적으로 알려지자, 적지 않은 젊은이들이 조직을 탈퇴하고 자신들의 종교적 선택을 반성하게 되었습니다. 하지만 이것으로 끝나면 될까요? 아직 핵심을 묻지 않았잖아요. 도대체 왜 우리는 허술하기 그지없는 반종교적 유혹에 쉽사리 이끌릴까요? 도대체 왜 우리는 그런 것들에 대해 누구와도 의논하지 못하고 누구와도 토론하지 못할까요? 왜 문제가 터지고 나서야, 개인적으로 그 폐해를 고스란히 감당해야만 할까요?

종교인이 된다는 것, 종교인으로서의 삶을 살아간다는 것이 무엇을 의미하는지 약간이라도 생각해보고, 그러한 생각을 기준 삼아 스스로 다시금 생각해보는 기회를 가졌더라면 좋았을 것입니다. 이제 우리는 그렇게 해볼 거예요.

종교인의 삶을
관찰할 수 있어야 한다

종교인으로 산다는 것은 이판사판의 두 세계에서 균형을 잃지 않고 매순간마다 조심하고 생각하면서 살아간다는 것을 뜻해요. 종교인의 삶에서 제일 중요한 것은 스스로 생각하는 힘이에요. 자신보다 더 지혜로운 조언자가 곁에 있어 항상 지시를 내리고 행동을 조종한다면 이보다 더 심각한 반종교적 행위는 없습니다. 본래 종교의 한자 **宗敎**는 근원적인 가르침, 궁극적인 가르침이라는 뜻입니다. 자신의 삶의 근원적 조언을 남에게 맡겨놓다니요! 아무리 어리석고 어린 사람이라고 해도 자신의 일에 대해 자신 스스로가 생각해서 결정할 부분은 언제나 있는 것입니다. 자신의 삶에 결정적인 영향을 미치는 일에 자기 스스로가 생각하는 연습을 하지 못한다면 어떻게 되겠어요?

어떤 종교인의 삶이 훌륭해 보인다면, 거의 십중팔구는 그 경지에 이르기까지 부단한 자기성찰에 의해 균형 잡힌 생각과 행동을 하려고 노력하는 사람이기 때문입니다. 그는 이판과 사판 사이의 차이를 올바르게 이해하고 사판이 막강한 힘을 발휘하지 못하도록 다스릴 줄 아는 사람일 것입니다.

예를 들어볼게요. 종교인으로 살아간다는 것은 우선 돈과 권력이 자기 삶의 최고 가치가 아니라는 것을 알고 몸소 실천하며 살아간다는 것을 의미해요. 종교적 가치는 돈이나 권력이 아니기 때문이죠. 그러나 미숙한 종교인, 사이비 종교 지도자는 이 점을 충분히 단련받지 못하기 때문에 자주 돈과 권력에 관심을 기울이게 됩니다. 말과 행동이 괴리됩니다. 겉으로는, 말로는, 설교로는, 신도들을 가르칠 때에는 돈과 권력을 멀리하라고 하면서, 속으로는(사실 이 속마음이야말로 더 백일하에 드러나고 사람들은 재빨리 알아차립니다) 돈과 권력이 주는 힘과 영화를 집요하게 추구합니다. 이제 종교적 행위는 돈과 권력의 '수단'이 되어버립니다.

얼마 전 한 종교 조직에서 부자세습이라는 기형적 행태가 온갖 반대와 제지에도 불구하고 관철되는 사건이 벌어졌습니다. 한두 군데에서만 저질러지는 것이 아니어서 종교 단체 내부에서 심각한 격론과 대립이 벌어졌어요. 그런데 더 놀랄 만한 일이 있습니다. 아버지로부터 아들이 종교 조직 대표 자리를 물려받고 이를 반대하는 사람들에 의해 일정 기간 설교 자리에 서지 못하다가 다시 설교를 하게 되었습니다. 그 세습한 아들 종교인은 자신을 지지하는 신자들에게 "고무신 거꾸로 신지 않아서 고맙다"라는 말을 했습니다.

'고무신을 거꾸로 신는다'는 것은 군대 간 연인을 배신하는 행위를 빗댄 말이기도 합니다. 그 아들 종교인은 자신을 지지하지 않는 신자들을 '배신자'라고 선언한 거예요. 종교적 삶에 대해 조금이라도 생각을 해보고, 조금이라도 자기성찰을 해본 사람이라면 이러한 발언이나 생각은 그 자체로 반종교적이라는 것을 알 수 있습니다. 그런데도 종교 공동체에서 이런 일들이 계속 벌어지고 있는 것입니다.

종교 조직이 사회적으로 비난의 대상이 되면 될수록, 그만큼 내부에서 활발한 비판과 토론이 멈춰 있다는 반증이 됩니다. 그래서 종교 지도자는 더욱 절대 권력을 행사하게 되고 일반 신자들은 수동적이고 복종적인 태도만 일삼으며 그것이 종교적 순종의 아름다운 모습이라고 착각하게 됩니다. 그리고 이런 분위기에서 종교적 삶을 살아온 사람들은 젊은 세대에게도 비슷한 태도를 요구합니다. 악순환이 계속되는 거지요.

종교인의 삶을 관찰할 때에도
핵심이 있다

종교인의 삶에서 가장 핵심적인 것은 그가 믿고 지키려는 종교의 교리를 얼마나 제대로 이해하기 위해 탐구하고 있는가, 그리고 그 내용을 현실 속에서 어떻게 진정으로 실천하고 있는가를 살펴보는 것입니다. 이것이 종교적 지식을 추구하는 삶의 자세입니다. 종교인은, 그가 참된 종교인으로서 살고자 하는 사람이라면, 종교적 지식을 바르게 추구하고자 합니다. 이를 위해서 질문하고 토론하며 이의를 제기하고 자기 스스로 탐색해보는 일을 게을리하지 않습니다.

종교적 지식을 추구하는 일은 특별한 몇몇 소수의 전유물이 아닙니다. 종교적 지식을 추구하고 토론하며 탐색하는 일을 권장하지 않는 곳이 있다면, 그곳은 제대로 된 종교 조직이 아닙니다. 종교가 쉽사리 소수의 독단적 전유물로 전락하는 이유가 이 때문입니다.

또한 종교인의 삶은 항상 자신이 믿는 종교적 가치를 이 세상의 가치와 균형과 조화를 이루기 위해, 모순된 삶을 살지 않기 위해 부단히 조정하고 부단히 새롭게 하고 부단히 노력하는 모습을 보이는 삶입니다. 일반적으로 우리가 종교인의 삶을 성스러운 삶으로 볼 뿐 아니라 윤리적인 삶으로 보는 이유는 이 때문입니다. 종교인의 삶을 산다고 하면서 비윤리적으로 산다면 그 자체로 모순입니다. 종교적 목적을 위해서라면 거짓말도 괜찮다고 말한 어떤 신흥 종교가 있습니다. 종교적 삶을 위해서 성차별이나 인종차별, 민족차별은 해도 괜찮다고 생각하는 어떤 종교도 있습니다. 하지만 이런 모든 생각들은 반종교적입니다.

현재 인도나 미국, 유럽의 일부 국가에서는 자신들이 믿는 종교를 옹호하기 위해 다른 종교를 무력으로 배척하는 사람들이 늘어나고 있습니다. 이들은 히틀러 같은 민족차별주의 독재자나 군부 독재자를 영웅처럼 떠받들고 있어요. 그들은 자신들이 믿는 종교가 이러한 독재자들의 힘에 의해 실현되기를 갈망합니다. 그들은 권력을 숭배합니다. 이런 모습도 반종교적입니다.

인간은 고정 불변적으로 선하기만 한 것도 아니고 고정 불변적으로 악하기만 한 것도 아닐 것입니다. 그렇기에 바른 종교인이라면 자기성찰에서도, 일상적 실천에서도 매 주일마다, 정해진 시간에 마음을 살피고, 자신의 행동을 스스로 반성합니다. 그러한 사색과 반성을 통해 잘못을 조금이라도 줄여가기를 진심으로 바랍니다. 그래서 종교인의 삶에서 반복적 종교 행위는 중요합니다. 종교인이 아니지만 종교적 행위의 반복이 중요하다는 것을 알게 된 한 젊은이의 말을 들어볼까요?

"인간은 잔혹합니다. 답이 없어요"라고 말하면 간단하겠지만, 인간은 그렇게 단순하지 않아요. 사람들은 점점 단순하고 간단한 답을 원하는 것 같아요. 3분짜리 영상을 클릭하듯 말이에요. 하지만 3분 안에 양자역학을 이해할 순 없지요. 인간은 복잡한 다면체예요. 인류를 사랑해야지 하고 다짐하면서 동시에 지하철 옆자리 사람을 미워해요. 저 역시 그래요. 이런 책을 만들지만, 제 안에도 모순이 많아요. 친환경세제를 샀다가도 거품이 제대로 나지 않으면 일반 세제로 바꾸고, 아이 반찬 준비가 힘들 때는 돈가스를 사 주죠. 의식하지 않으면 쉽게 무관심해지는 사람이에요. 그래서 먼저 제 안의 괴리를 줄이려고 해요. '혹시 내가 함부로 힘을 사용하진 않았나?' 자주 자문해요. 도덕과 윤리는 왜 우리에게 때리지 말고 훔치지 말라고 반복해 가르칠까요? 내키는 대로 살면 누구든 불의한 짓을 저지를 수 있기 때문이 아닐까요? 자기 성찰은 자동으로 되지 않아요. 불편하고 어려워요. 그럼에도 하려고 애쓰는 모습이 인간다움 같아요.

타락한 세상인 것도 맞지만, 보이지 않는 곳에서 선함을 지켜가는 수많은 사람이 있어요. 그들처럼 살고 있진 못하지만, 인간다움에 대한 질문을 외면하지 않으려고 합니다. (최혜진, "목소리 높이기보다 신선하게 설득하고 싶어요", 《한겨레》 2021년 2월 6일자, 권정민 그림책 작가 인터뷰에서)

종교를 이해하는 일은
비종교인에게도 꼭 필요하다

마지막으로 종교인의 삶과 관련하여 알아두어야 할 점은, 그들의 삶은 자신만의 문제 이상으로 나아간다는 점입니다. 이것은 종교적 통찰에서 비롯된 신념이기도 해요. 서양의 종교이든 동양의 종교이든 종교적 가르침에는 공통적인 부분이 존재하고 있습니다. 그중 하나는 '보편성에 눈뜨게 되는 것'입니다. 각자 개인의 삶 속에 있는 '너와 나의 삶', '인간 보편의 삶', '보편적 생명의 삶'에 눈뜨는 것이 종교적 가르침에 모두 들어 있습니다. 이러한 보편성에 눈을 뜨기 시작해야, 다른 사람을 나 자신과 같이 존중하고 이해하는 마음과 행동이 가능해집니다. 종교는 남과 경쟁해서 더 잘 먹고 잘 사는 특정한 종교인, 자기만 선택받은 종교인이 되라고 가르치지 않습니다. 우리 종교가 제일 낫다는 의식을 가르치지도 않고요. 이런 생각들은 반종교적입니다.

물론 종교적 보편성을 깨닫는 일은 우리에게 불편함과 어려움이라는 숙제를 주기도 합니다. 하지만 어느 종교이든 그것이 바른 종교라면, 이러한 통찰을 부지런히 일깨우도록 독려합니다. 그리고 그러한 깨달음의 힘에 의해 자신의 삶에서 그것이 자연스럽게 배어나오도록 권장합니다. 하지만 현실적으로 우리가 종교인의 삶에서 좋은 모습보다는 실망스러운 모습을 더 많이, 더욱 자주 발견한다면, 그것은 종교 지도자나 종교인들이 그만큼 스스로 깨닫지 못하기 때문입니다.

종교인의 삶이 쉽기만 하다면, 어째서 동서양의 훌륭한 종교 지도자나 종교인들이 한평생 동안 노력을 그치지 않았겠습니까? 수많은 종교 논쟁들이 왜 계속되었겠습니까? 그럼에도 불구하고 쉽지 않은 종교인의 삶을 선택하는 사람들이 여전히 적지 않은 것은 종교적 가치와 가르침이 오늘날에도 여전히 중요하기 때문이에요. 그래서 우리는 지금은 비종교인이라고 해도, 종교를 바르게 이해하기 위해 관심을 보여야 합니다.

2장

종교와 돈

부유한 종교인과
가난한 종교인

종교와 돈, 이 두 가지의 관계에 대해 생각해보 겠습니다. 여러분은 부유한 종교인과 가난한 종교인 중에서 어느 쪽을 더 신뢰하겠습니까? 상식적으로 볼 때 부유한 종교인은 가난한 종교인에 비하여 선택을 덜 받을 가능성이 많습니다. 왜일까 요? 우리의 잠재된 상식에서는 동서고금의 훌륭한 종교인, 예를 들어 서양의 예수나 동양의 석가모니뿐 아니라 종교적 수행을 하는 사람의 이미지는 부유하고 화려한 것보다는 가난하고 청빈한 것에 가깝기 때문이지요. 종교적 가치에 충실한 사람의 삶일수록 돈에 관해서는 관심을 보이지 않는다는 것이 상식으로 자리하고 있습니다.

하지만 이 문제는 그리 간단하지 않습니다. 막연한 상식이나 이미지의 차원을 벗어나 종교와 돈의 관계에 대한 역사적 사실들, 현재 우리 사회에서 빚어지는 여러 종교적 폐단들이나 종교적 위기, 혹은 사회적 위기 등을 아울러서 차분하게 이해해볼 필요가 있어요. 물질적 부유함을 상징하는 돈과, 정신적 가치의 궁극적 모습을 상징하는 종교, 이 두 가지는 과연 어떤 방식으로 관계 맺는 것이 바람직할까요?

돈이 없어 빵을 훔친 장발장은 은촛대와 화려한 은식기에 담긴 식사를 대접받은 후 그것들을 훔칩니다. 은으로 된 식기와 은촛대는 신부의 소유물이었지요. 장발장에게 그 물건들은 '돈이 되는 것'이었습니다. 그런데 만약 장발장이 훔치는 일을 하는 대신 골똘히 생각하고 질문을 던졌다면 어땠을까요? 왜 신부는 그렇게 부유한데 왜 나는 이렇게 가난할까? 신부는 장발장의 절도 행위를 감싸줍니다. 장발장은 평생 신부의 종교적 행위를 잊지 못하지요. 한 사람의 영혼을 살리기 위해서 신부는 자신의 소유물—그것이 비록 엄청난 가격의 물건이었다 해도—그에 아랑곳하지 않고 순순히 내놓습니다. 이 경우에도 만약 장발장이 감격에 겨워 감사하고 속죄하는 대신, 또다시 골똘히 생각하고 질문을 던졌다면 어땠을까요? 왜 신부는 자신의 부를 스스럼없이 내어놓을 수 있는 것일까? 친한 사이도 아니고, 아무런 대가도 바라지 않고, 미래가 촉망되는 것도 아닌 나에게 왜 이런 일을 하는 걸까?

남에게 선행을 베풀기 위해서라도 종교 스스로가 부유해질 필요가 있다고 설교하는 현대의 종교 지도자들이 있습니다. 그래서 그들은 종교 조직을 키우고, 종교 건물을 더 크고 멋지게 건설합니다. 유럽여행을 가면 어김없이 보게 되는 크고 아름다운 성당들이나 교회들을 떠올려보세요. 그러한 건축물들은 어마어마한 돈과 어마어마한 시간과 공을 들여 건설된 것들입니다. 그 비용은 누가 댔을까요? 가난한 사람들보다는 그 당시의 부유한 귀족들의 호주머니에서 나온 것들이 더 많습니다. 그들은 그것을 신앙의 행위라고 생각했고, 또 다른 목적들도 있었을 것입니다. 거대하고 아름다운 성당이나 교회의 건축은 그 자체로 국가적인 사업이 되기도 했고 종교적 영광을 실현하는 일이기도 했으며, 수많은 사람들을 영적으로 결집시키는 일이기도 했습니다. 그 중심에 돈이 있었지요.

그러나 한 가지 분명한 사실은, 어떠한 경우에도 돈을 많이 소유한 사람들은 그냥 돈을 내놓지 않는다는 사실입니다. 돈이 많은 사람들에 의해 어떤 일들이 결정되기 시작합니다. 돈이 많은 사람들에 의해 종교적 활동도 관리되기 시작하고, 돈에 의해 종교 조직이 움직이게 됩니다. 세속적 돈과 종교적 인간들이 서로 밀접하게 결합되면서 막강한 권력이 형성되기 시작합니다. 물론 그들끼리 치열한 권력투쟁도 일어납니다. 그러나 적어도 공식적 명분은 언제나 종교적인 것들로 포장됩니다. 어느 순간부터 종교가 돈을 지배하는 것인지, 돈이 종교를 지배하는 것인지, 종교와 돈이 서로 힘을 합하여 정신적으로 물질적으로 가난한 사람들을 지배하는 것인지 알 수 없게 됩니다.

돈이 중심인 사회에서는
종교도 돈에 휘둘린다

'돈이면 안 되는 게 없는' 사회일수록 그 사회에서 종교 역시 돈을 많이 소유한 개인이나 집단, 계층에 휘둘리거나 그들의 이익에 충실한 모습으로 변질될 가능성이 많습니다. 종교인들 스스로도 이 점을 몰랐을 리가 없습니다. 종교가 '돈 버는' 수단이 될 수도 있다는 것을 간파한 자들은 종교를 '이용해서' 돈을 벌기 시작합니다. 동서양의 역사에서 수없이 많이 등장하고 또 지금도 계속 등장하는 종교적 이단 그룹들이 대표적입니다. 종교적 활동에 충성할 것을 요구하면서 신자들에게 돈을 헌금할 것을 강요합니다. 이런 종교 조직의 특징은 특정 종교 지도자를 신성시하고 특정 종교 활동을 맹목적으로 신봉하게 하며, 여타의 다른 활동을 비판하거나 배타시하여 다른 목소리에 귀를 기울이지 않는 것이 공통점입니다.

신앙심이 돈독한 또 다른 종교인들은 이러한 상황에서 다른 길을 모색하기 시작합니다. 서양과 동양의 종교적 수행자들은 그러한 돈의 위력으로부터 독립하기 위해 수도원과 수행의 장소에서 스스로 자립적 경제 활동을 겸하기도 했습니다. 맥주나 포도주, 향기로운 화장품이나 향수, 건강식품, 의류, 공예품과 도자기 등 적지 않은 것들이 수도자들에 의해 탄생되었습니다. 돈을 가진 사람들에 의해 종교 활동이 휘둘리지 않기 위해 이들은 혼신을 다했습니다.

돈은 세속적 삶의 윤택함을 주기도 하지만, 세속적 삶의 권력을 무기로 삼아 모든 것을 돈의 영향력 아래에 두려는 시도는 반드시 폐단을 초래하게 됩니다. 이렇게 보면, 종교와 돈은 우리 삶의 양극단에 위치하고 있어서 서로가 서로를 강력하게 끌어당기면서도 서로가 서로를 잡아먹으려 애를 쓰는 두 실체인 것처럼 보이기도 합니다. 너무 돈이 없어 삶이 고달프고 힘들어도 종교를 찾게 되고, 너무 돈이 많아도 이 세상에서의 삶이 확실하지 않고 죽음의 위협 속에 놓여 종교를 찾게 되기도 하니까요.

종교는 사람의 마음과 영혼, 정신에 직접 영향을 미치는 어떤 것입니다. 그렇게 종교적 영향을 받은 그 사람은 일상생활의 모든 면에서 그가 믿는 종교의 가치에 의해 삶을 살게 됩니다. 따라서 그가 믿는 종교에서 돈의 문제를 어떻게 보고 있고, 돈에 대해 어떤 태도를 취하고 있으며, 돈에 대해 어떤 가치관을 제공하는가에 따라 그 종교를 믿고 따르는 사람들의 삶도 달라지고 그들의 삶에 의해 영위되어가는 세상도 달라집니다.

자본주의와 기독교의 관계는
생각보다 가깝다

서양의 사회학자 막스 베버는 자본주의와 기독교 정신 사이에 모종의 관계가 있다는 것을 알아냈습니다. 그는 기독교인이 세상에서 열심히 일하고 소득과 이익을 올리는 일에 열정을 기울이는 것이 격려된다는 것, 자본주의의 발전은 기독교의 융성과 무관하지 않다는 것을 밝혀냈습니다. 오늘날 한국 사회에서 교회는 대부분 성공 신화를 설교로 강조합니다. 신을 믿으면 하는 일이 모두 잘되고, 헌금을 많이 하면 축복을 받고 돈을 더욱 잘 벌게 되어 부자가 될 수 있다고 설교하는 종교 지도자가 적지 않습니다. 그런데 이러한 경향 역시 지나치게 종교가 돈을 밝히는 쪽으로 잘못될 수 있지요.

한국의 기독교 중에 특히 이단적인 조직체가 많이 나타나는 것은 모두 돈과 관련이 있습니다. 이런 이단 사이비 종교 조직에 쉽게 현혹되는 사람들이 종교를 믿게 되는 심리 중에는, 이 세상의 삶에서 돈을 잘 벌고, 돈 많은 사람이 되기 위해 축복을 받기 위함이 있습니다. 그들에게는 종교의 교리 자체를 객관적으로 또 스스로의 생각으로 살펴보거나 사색하려는 깊은 종교적 동기가 부족합니다. 그보다는 현실에서 돈과 관련된 문제가 있거나, 돈과 관련된 욕망이 크거나, 돈에 의해 피해와 상처를 입어 힘겨운 처지에 놓인 사람들이 많습니다. 이단 종교의 지도자나 책략가들은 이런 사람들을 '활용'합니다. 이들을 종교적으로 구원해준다는 명분으로 그들의 노동력과 정신력, 시간과 열정 그리고 헌신을 끌어 냅니다.

돈을 벌기 위해 수단과 목적을 가리지 않는 야비한 사람들이 많지만, 특히 사람들의 삶을 송두리째 망가뜨릴 수 있는 폐단이 벌어질 수 있는 조직 중 하나가 사이비 이단 종교 조직입니다. 그런데도 적지 않은 젊은이들이 잘 모르고 이단적 종교 조직에 발을 들여놓을 수 있습니다. 최초의 동기는 단순한 것이었을 수 있습니다. 특히 초기의 동기가 단순할수록 그 동기는 순수한 선의의 발로일 수 있습니다. 친한 친구와의 우정을 깨기 싫어서, 부모의 권유를 존중하기 위해서, 자신의 일시적인 고민과 방황 때문에, 인생의 무의미성 때문에, 선후배들과의 친목관계가 좋아서, 아니면 예술적 취향에 맞아서일 수도 있습니다.

그러나 어떤 단순한 동기로 시작하게 되었든지 간에 종교 조직에 몸담고 종교 활동을 시작하게 된 젊은이라면, 반드시 자기 스스로 생각하고 판단하는 시간, 또 모든 종교적 활동이 담고 있는 가치들을 객관적으로 사색해볼 수 있는 지성을 길러야 합니다. 무엇보다 자신이 속하게 된 종교 조직에서 돈에 관해 어떠한 태도를 취하고 있는지를 잘 살펴봐야 합니다. 종교가 '돈을 따라가는' 모습을 보이고 있다면 그 종교는 결코 참된 방향으로 나아가고 있다고 볼 수 없기 때문입니다.

종교가 돈을
따라가는 모습들

종교가 '돈을 따라가는' 모습의 사례를 들어보겠습니다. 서양 중세 말기에 가톨릭의 대표적 폐단 중 하나는 '천국으로 가는 보증수표'를 발행하는 것이었습니다. 죄를 사면해준다는 보증서를 '돈을 받고' 팔았던 것입니다. 가톨릭이 그 광대한 조직체를 넉넉하게 유지하기 위해 벌인 낯 뜨거운 수익 사업이었지요. 그리고 마침내 가톨릭은 종교 개혁의 세찬 비판의 물결에 휩쓸리는 처지가 되었습니다.

얼마 전에 한국의 대표적 종교 조직에서도 이와 비슷한 일이 벌어졌습니다. 한 종교 조직 산하에 소속되어 있는 복지법인이 '돈 되는 사업을 벌이기 위해' 특정한 목적을 위해 사용해야 할 거액의 기부금을 오랫동안 횡령했습니다. 또 다른 종교 조직에서는 그 조직을 마치 사적인 재산 상속과 같이 취급해서 아버지에게서 아들로 세습하는 일이 벌어졌습니다. 이러한 기형적 폐단의 이면에는 종교 조직이 '돈을 따라가는' 태도가 있습니다.

문제는 현대의 수많은 종교 조직체들이 돈을 따라가는 모습을 보이는데도 좀처럼 그러한 태도를 스스로 고치려들지 않는다는 것입니다. 현대 사회에서 종교 자체가 몰락할 위험 징후를 보여주는 큰 위기가 아닐 수 없습니다. 현대의 크고 작은 수많은 종교 조직들이 돈을 따라가는 모습을 보이면서 종교 본래의 역할을 하지 못할수록, 현대인은 더욱더 종교적 갈증에 허덕이게 되고, 종교적 문제를 제대로 해결할 길을 잃게 됩니다.

여러분 중에는 이렇게 반박할 사람이 있을지도 모릅니다. "어차피 다 잘 먹고 잘 살자고 하는 일인데, 종교라고 해서 특별히 달라야 할까? 가난한 것보다 부유한 것이 좋은 것처럼, 가난한 종교 조직보다 부유한 종교 조직이 더 나은 게 아닐까? 돈이 많으면 그만큼 이 세상에서 할 수 있는 일도 많고, 그 종교 조직에 소속된 사람들도 더 잘 보살필 수 있지 않을까?"

이렇게 반박하는 사람은 스스로 먼저 되묻기를 바랍니다. 종교는 무엇일까요? 종교는 인간의 삶에서 어떤 의미를 가지는 것일까요? 종교에서는 왜 돈의 문제를 조심스럽게 생각해야 할까요? 종교는 옷이나 음식과 같이 '쇼핑'하는 대상이 아닙니다. 종교는 '좋은 서비스를 제공받기를 원하는' 소비자에게 다가가는 상품이 아닙니다. 상품은 돈으로 구매할 수 있습니다. 돈으로 구매할 수 있는 상품은 다른 상품과 비교됩니다. 이왕이면 질 좋은 상품을 구매해야 쇼핑을 잘한 것이 됩니다. 막스 베버가 자본주의와 기독교 정신의 밀접한 관계를 알아내기는 했지만, 오늘날 종교의 모습을 보면 더욱 경악할지 모르겠습니다. 오늘날의 종교 조직은 내 몸에 맞는 옷을 고르듯, 일종의 쇼핑의 대상이 되어가고 있기 때문입니다.

종교가 돈을 따라가는 모습은 이러한 풍토에서 더욱 가속화됩니다. 그래서 종교 활동에 관심이 있거나 종교인으로 종사하고자 하는 젊은이는 먼저 자신이 몸담고자 하는 종교 조직이 돈에 대해 어떤 인식을 가지고 있고, 실제로 어떤 실천을 하고 있는지 객관적으로 잘 지켜볼 필요가 있습니다. 종교는 사람이 사람다운 삶을 살기 위해 궁극적으로 믿게 되는 자아와 세계의 근본 이치와 근본 존재에 대한 성찰과 깨달음을 의미합니다. 그러한 성찰과 깨달음은 어릴 적 부모의 가정교육을 통해서 자연스럽게 몸에 배듯이 배워가는 것일 수도 있고, 청소년기에 삶의 의미를 고민하는 과정에서 스스로 책을 읽고 눈을 뜨게 되는 것일 수도 있으며, 나이 들어 삶의 이런저런 경험이 쌓여가면서 깨닫게 되는 것일 수도 있습니다.

이런 종교적 '깨달음'의 과정에는 한 가지 공통점이 있습니다. 모두 스스로의 성찰과 깨달음, 객관적인 배움과 지성에 대한 존중이 있다는 것입니다. 돈을 따라가는 사이비 종교일수록 이런 것을 일부 지도자의 몫으로 돌리고, 그들만이 할 수 있는 일이라고 치켜세우면서 대다수의 많은 사람들을 복종과 순종의 대상으로만 간주하는 경향이 있습니다. 그런 종교일수록 무조건적인 믿음을 강조합니다. 머리로 따지는 것을 위험한 것이라고 금지시킵니다. 그리고 설교의 많은 시간에 '돈 내고', '봉사하고', '무조건 믿는' 열성만을 강요합니다.

종교는 돈에 휘둘리지 않는
어떤 것을 추구한다

그러나 사실은 그와 정반대이어야 합니다. 종교는 그것의 본질에 가까울수록, 돈의 문제에 휘둘리지 않는 어떤 존재를 추구합니다. 그것은 각 개인 내면 깊숙한 곳에 자리하고 있는 영성입니다. 종교는 이러한 영성을 깨우는 일과 관련된 활동입니다. 그것은 활동이지만 차라리 활동의 멈춤과도 비슷할지 모릅니다. 돈을 따라가는 종교는 돈에 초점을 두고 일체의 종교 활동을 분주히 전개하려 합니다. 하지만 종교의 본질에 주목하고자 하는 활동은 우리 인간 존재, 나라는 존재, 나를 괴롭히거나 나와 대립하는 어떤 존재에 초연해지도록 만듭니다.

겉으로 가난한 척하며, 겉으로 서민을 위하는 척하는 위선적 지도자를 두고 우리는 '서민 코스프레'를 한다고 비난합니다. 그와 마찬가지로 겉으로 경건한 척하며, 겉으로 돈을 멀리하는 척하는 위선적 종교 지도자들의 '종교 코스프레'를 똑똑히 볼 줄 알아야 합니다.

종교 지도자에게 다가와서 인생의 고민을 털어놓는 사람들 중에 '가난'의 문제, '돈 때문에 인간관계에 상처를 입는' 문제, '돈 때문에 가정이 파탄 나고 개인이 몰락하는 문제'들을 다루는 것을 우리는 적지 않게 봐왔습니다, 그래서 우리는 본능적으로 가난을 두려워하거나 경멸하고, 부를 선망하거나 부러워하고, 가난한 삶은 죄 많은 삶이고 부유한 삶은 축복 받은 삶이라고 착각합니다. 수많은 종교 지도자들이 이런 가치관을 오랫동안 끈질기게 사람들에게 각인시켰습니다. 그래서 성공의 신화 속으로 내몰립니다. 자나 깨나 가난으로부터 벗어날 궁리, 돈을 많이 벌 궁리를 하며 살아갑니다. 종교는 이러한 삶의 채찍질과도 같은 역할을 합니다. 이 세상의 모든 사람을 이분법적으로 바라보게 만들기도 합니다.

돈이 많은 사람들은 종교를 통해 자신의 삶을 정당화합니다. 종교 조직에 참여해서 돈을 통해 그들 자신의 삶을 더욱 근사하게 입증시키고자 합니다. 그리고 수많은 부유하지 못한 사람들로 하여금 자발적으로, 종교적으로 존경심을 갖게 만듭니다. 그들은 부유한데 자비롭기까지 한 것입니다. 역사적으로 동서양의 수많은 부유층들은 종교로부터 이러한 매력을 찾아냈습니다. 그들이 세상에서 벌어들인 돈이 종교적으로 정당화되는 것이 좋았을 것입니다.

물론 그들 부자들 중에도 진심으로 신실한 종교인이 있었을 것입니다. 그들은 세상의 부가 종교적 삶의 가치와는 비교할 수 없다는 것을 깨닫고 그들의 부를 종교 앞에 허심탄회하게 내려놓았던 것입니다. 그렇게 해서 장발장이 훔친 그 은식기와 은촛대도 신부에게 헌납된 것일 수도 있습니다. 빅토르 위고의 소설『레미제라블』(가련한 사람들) 속의 그 신부는 다행히도 그러한 부의 본질, 돈으로 만들어진 것의 본질을 알고 있었던 것으로 보입니다. 그에게는 은식기와 은촛대라는 재산이 최우선 순위가 아니었던 것입니다.

인간이 이 세상에 태어나 한평생의 삶을 살아가면서, 적어도 사람다운 삶을 살기 위해서는 일정 정도의 돈이 필요합니다. 안정적인 수입과 사회적 역할이 보장되지 않는 사람의 한평생은 물질적으로 정신적으로 고달픕니다. 그래서 그는 종교를 찾을 수 있습니다. 나의 삶이 좀 더 편안하고 축복된 것이기를 기원하면서 그는 그 종교 조직에 헌금을 합니다. 그렇게 해서 그들의 헌금은 그 종교 조직이 생존할 수 있는 물질적 자산이 됩니다. 돈이 먼저가 아닙니다. 돈은 매개일 뿐입니다. 설사 그가 아주 적은 액수의 헌금을 하더라도, 혹은 그와는 반대로 아주 큰 액수의 헌금을 하더라도, 그의 종교 활동은 차이가 없는 것입니다.

그러나 돈을 따라가는 종교 조직에서는 누가 얼마의 돈을 냈는가에 예민합니다. 돈을 많이 낸 사람들의 발언권과 영향력이 점점 커지도록 합니다. 그리고 그렇게 커진 영향력 있는 사람들이 마음대로 종교 조직을 운영합니다. 그들은 돈을 따라가는 운영 방침을 더욱 강화합니다. 멋진 종교 상품을 내어놓고 사람들을 유혹합니다. 종교 소비자들이 들어와 잠깐 동안 머물고 나갑니다. 사람들이 들어오든 말든 그 종교 조직은 오직 돈을 따라가기 때문에 그 자체로 자족합니다. 연간 매출액을 따지고, 연간 부동산 수입을 확인하며, 하나라도 더 많은 수익사업을 구상합니다.

이런 곳에도 종교적 성찰이 전혀 없다고는 못하겠지요. 적어도 흉내는 내야 할 테니까요. 그러나 곧 밑바닥이 보입니다. 그래도 돈을 따라가는 종교 조직은 크게 겁내지 않습니다. 혁신 경영을 하면 되니까요. 새로운 종교적 발상과 아이디어로 사람들을 유혹하면 되니까요. 서글픈 현실입니다. 종교는 이제 돈이 되었습니다. 그러나 이런 서글픈 현실 속에서도, 여전히, 돈에 휘둘리지 않는 어떤 근본적 가치를 추구하는 종교인과 종교 조직이 있다는 것을 잊지 말아야 하겠습니다. 그들의 존재 자체가 희망이기 때문입니다.

3장

종교와 정치 권력

종교인 중에
정치 개혁가가 많은 이유

뮤지컬 〈오페라의 유령〉을 만든 앤드류 로이드 웨버와 팀 라이스는 어린 시절부터 동료로 작업을 함께한 사람들입니다. 그들이 만든 종교 뮤지컬들 중에 〈지저스 크라이스트 슈퍼스타〉가 있습니다. 예수의 삶과 고난의 과정을 유다의 시각에서 재조명한 록오페라입니다. 이 작품은 상연 당시 미국의 경건한 보수주의 기독교 신자들로부터 거센 반감을 불러일으켰고 그들은 이 작품의 상연 금지를 촉구하는 피켓 시위까지 벌였습니다. 그렇게 작품은 논란을 일으켰지만 상연 금지가 되지는 않았지요.

〈지저스 크라이스트 슈퍼스타〉에서 유다는 정치의식이 매우 높은 젊은이로 묘사됩니다. 그는 예수가 유대 민족을 정치적 억압에서 구원해줄 인물로 생각하고 그를 따르다가 예수의 행동에서 정치적 지도자로서의 희망을 포기해야 하는 고뇌를 겪는 인물로 나옵니다. 예수는 종교인이었고, 예수교는 결국 수백 년 후에 정식으로 국교로 승인되고 수많은 로마인들이 기독교로 개종하지만, 유다가 살고 있던 당시에는 정치적 해방이 더 긴급한 것으로 간주되었기 때문입니다. 유다는 결국 예수를 팔아넘긴 종교적인 죄인으로『성경』에 묘사됩니다.

오늘 우리가 함께 생각해볼 주제는 종교와 정치 권력의 관계입니다. 종교와 정치 권력의 '올바른' 관계는 무엇일까요? 역사적으로 종교와 정치 권력은 어떤 관계였을까요? 아무런 관계가 없는 것이었다면 '올바른' 관계에 대한 질문도 필요없겠지요. 종교가 정치 권력을 추구해서는 "안 돼!" 이렇게 외치기만 해서도 소용없습니다. 반대로 정치 권력이 종교를 지배하려 해서는 "안 돼!" 이렇게 외쳐봤자 공허할 뿐입니다.

우선 현실을 제대로 이해할 필요가 있지요. 단지 유다만의 착각이 아니라 사람들은 종교가 정치 권력 못지않은 권력과 영향력을 미치고 있다는 것을 알고 있기 때문에 이러한 질문을 더욱 많이 해봐야 합니다. 정치 권력은 언제나 종교를 기웃거리고 종교로부터 뭔가 도움을 받고자 합니다. 과연 종교에게 정치 권력은 무엇일까요? 과연 정치 권력에게 종교는 무엇일까요? 동서양의 역사 속에서 몇 가지 사례를 끄집어내어 이 문제를 생각해보겠습니다. 역사에서 실마리를 발견할 수 있을 거예요.

인도 정치가 네루의
종교에 대한 고민

먼저 동양의 인도로부터 시작해볼까요? 단식 투쟁과 비폭력 저항운동으로 유명한 간디를 모르는 사람은 거의 없을 것입니다. 간디는 종교적 힘으로 정치적 문제를 개선시킬 수 있다고 굳게 믿은 종교 지도자 중 한 사람이었어요. 간디는 힌두교 신자였지요. 간디는 인도 다수의 국민들이 믿고 있던 힌두교와 이슬람교를 통해 당시 인도가 처해 있던 독립과 자립의 문제를 해결하고자 혼신을 다한 것입니다. 간디는 영국으로부터 정신적으로, 경제적으로, 정치적으로 독립하고 자립하기 위해 엄격한 비폭력, 비협력, 정신적 주체의식, 경제적 자립의식을 국민들에게 촉구했지요.

그런데 간디와 함께 독립운동을 이끌던 또 다른 정치인 네루는 감옥에 갇혀 있었던 1930년대에 간디와 자신의 생각과 독립운동 방식의 차이가 커지는 것에 대해 복잡하고 괴로운 마음을 글로 씁니다. 오늘날 이 글은 『인도의 명상』이라는 책으로 출판되어 있어요. 네루는 자신의 글에서 '종교란 무엇인가'에 대해 스스로 질문해봅니다. 그는 다음과 같이 말합니다.

> 간디 옹께서는 "진리 탐구에 이 몸을 바치려는 나의 노력은 마침내 나로 하여금 정치의 분야에 발을 들여놓게 했다. 여기에서 내가 조금도 주저 없이 또한 가장 겸허하게 단언할 수 있는 것은 종교는 정치와는 아무런 관계도 없다고 언명하는 자는 종교가 무엇인지를 알지 못하는 자라는 사실이다"라고 말씀하셨다. 만일 간디 옹께서 다음과 같이 말씀하셨더라면, 즉 "인생과 정치로부터 종교를 제외하려고 하는 사람들의 대부분은 나 자신이 이해하고 있는 것과 같은 '종교'라는 말과는 현저하게 다른 의미를 부여하고 있다"고 말씀하셨더라면, 아마 더 한층 올바른 말씀으로 되었을지도 모른다. 옹께서는 이러한 말씀을 종교의 비판자들이 의미하고 있는 것과는 판이한 의미로—즉 다른 어떤 것보다도 도덕적이며 윤리적인 의미로—사용했으리라는 것은 분명하다. (네루, 『인도의 명상』, 이극찬 옮김, 삼성미술문화재단, 1981, 232쪽)

간디는 진리 탐구에 헌신하고자 하는 사람이라면 '종교와 정치는 긴밀히 연관되어 있다'는 것을 깨닫게 된다고 생각했습니다. 실제로 간디는 자신의 종교적 신념을 정치 활동에서 그대로 실현시키고자 혼신의 노력을 기울였습니다. 그는 전통적으로 내려오던 카스트(신분) 제도와 불가촉천민 계급의 부당한 처우를 정치적으로 개선시키고자 극한의 단식투쟁을 통해 많은 사람들의 정신과 행동에 영향력을 미쳤던 것입니다. 간디는 영국으로부터 독립하기 위해 현대 문명의 해악을 경계하고 농민적 생활을 높이 평가하고, 욕망을 없애고 개인들의 마음을 변화시킴으로써 정치적 목적을 달성시킬 수 있다고 보았습니다.

하지만 네루는 종교가 추구하는 가치가 무조건적으로 정치 활동에 직접적으로 적용될 때에는 위험한 상황이 초래될 수 있다고 생각합니다. 그의 말을 더 들어볼까요?

종교는 한편으로는 평화를 부르짖으면서도 다른 한편으로는 폭력 없이는 존재해나갈 수가 없는 제도와 조직을 지지한다. 종교는 총검을 휘두르는 폭력은 비난하지만 한편으로는 조용히 가끔 평화라는 아름다운 분장을 하고 찾아와서는 사람을 굶게 하기도 하며 살해하기도 한다. 보다 더 악랄하게는 겉으로 눈에 띄는 육체적 위해는 가하지 않고 심리적인 폭행만을 가하여 정신을 분쇄하여 가슴이 찢어지게 하는 것과 같은 폭력을 가한다. 이것은 대체 어떻게 된 셈일까? (네루, 『인도의

명상』, 이극찬 옮김, 삼성미술문화재단, 1981, 242쪽)

네루는 서양의 초기 기독교회가 노예의 사회적 지위 개선에
공헌하기보다는 오히려 그것의 존속과 유지를 묵인하고 노예주
인 계층과 협력했다는 사실을 지적합니다. 또한 인도의 힌두교 지
도자들이 가난한 소작농들을 그들의 토지로부터 쫓겨나게 만들
고 대지주들의 이익을 지지하는 모습을 폭로합니다. 한국의 경우
에도 일제하에서 북한에 살고 있던 기독교인들 중 많은 수가 대지
주였습니다. 그들은 북한에 사회주의 정권이 수립되자 남한으로
이주했습니다. 종교의 자유가 보장되는 남한은 토지의 무제한적
소유도 보장하는 곳이기도 했기 때문입니다.

네루가 질문한 것은 종교가 그 고유의 정신적이고 윤리적인
영역에서 적용되어야 할 종교적 언어와 종교적 사고가 정치 영역
까지 무리하게 확장될 때에 빚어지는 왜곡과 갈등, 무분별한 행동
들에 대해 누가 어떻게 책임질 수 있는가에 대한 것입니다. 종교
에서 추구되고 지켜지는 가치와, 정치에서 추구되고 지켜지는 가
치가 조심스럽게 구분되고 존중될 필요가 있다는 것입니다. 종교
의 영역과 정치 권력의 영역은 자동적으로 일치한다고 생각해서
는 결코 안 된다는 것이지요.

종교와 정치를 자동적으로
관련짓는 것은 위험하다

네루의 태도는 오늘날 우리가 살아가고 있는 현대 사회에서 매우 중요합니다. 예를 들어볼까요? 사회적 참사가 발생되었다고 해봅시다. 갑작스러운 자연재해나 사회적 시스템의 부족으로 인해 수많은 인명 피해가 발생되었을 때, 종교 조직의 지도자들이 "이 사고의 원인은 인간의 죄로 인한 하나님의 징벌이다"라고 설교한다면, 과연 그것이 합당한 원인 진단이라고 할 수 있을까요? 가난한 계층의 고난을 두고 어떤 종교 조직의 일원이 "너희의 이 세상에서의 불행과 고난은 우리 종교를 믿지 않아서 그런 것이다. 우리 종교를 믿으면 이 세상에서 부귀영화를 누릴 수 있다"고 설득한다면 과연 그것이 종교적 가치를 올바르게 전하는 것이 될까요?

이런 폐단은 종교를 표방하는 사이비 단체에서 특히 범람합니다. 검증되지 않은 이단 종교 조직이나 정치 조직에서는 현실에 불만을 품은 사회적 약자들에게 자신들의 종교나 정치 조직에 가입하면 부유해진다거나 권력을 쟁취할 수 있다고 집중적으로 홍보하기도 합니다. 이런 종교 집단이나 정치 집단을 이끄는 사람들은 소속 구성원들의 분노와 적개심을 부추기고 그 분노를 특정 대상에 집중시켜 무엇인가 현실적 목표를 쟁취하도록 합니다. 이 과정에서 그 집단의 구성원들 사이에 확고한 위계관계나 집단의식을 강하게 만드는 다양한 의식화 활동도 하게 되지요. 하지만 결국은 그 정체가 어떤 방식으로든지 드러나게 되고 그 피해는 고스란히 구성원들이 입게 됩니다.

이런 일들이 끊임없이 계속되면 일반 사람들은 종교 자체에 대해 근본적인 회의를 품거나 종교의 사회적 가치를 의심하게 됩니다. 그와는 정반대로, 각종 종교 조직들은 점점 방어적이 되거나 비밀스러운 담론 속에 갇히게 될 수 있습니다. 이들은 종교 신앙을 객관적 지식과 이해의 문제가 아닌, 감정이나 열정의 문제로 왜곡시킬 수도 있습니다.

그렇기 때문에 종교와 정치 권력의 영역에 대한 지식과 이해는 아무리 많아도 지나치지 않습니다. 진정한 종교나 정치는 지식과 이해를 배제하는 것이 아니라 지식과 이해의 발전 속에서 함께 넓어지고 깊어질 수 있는 것입니다. 폐쇄적이고 비밀스러운 환경 속에서는 몰상식과 비합리적인 폐단들이 심화될 뿐입니다. 비밀스럽고 폐쇄적인 조직일수록 토론이 없으며, 의사결정 시스템도 지나치게 위압적인 경우가 많습니다. 지식과 이해에 의한 성찰과 토론, 참여민주주의적 의사결정이 활발한 조직일수록 건강한 종교 조직이고 건강한 정치 조직이 될 가능성이 큽니다.

종교와 정치의 결탁이 초래한
나쁜 결과들

개개인과 그 개인들의 집합체인 사회공동체를 올바르게 이끌어가는 조직이 정치 조직이고 종교 조직입니다. 정치 조직과 종교 조직에서 권력을 위임받은 사람이 정치 지도자이고 종교 지도자입니다. 그렇게 해서 만들어지는 권력이 정치 권력이고 종교 권력일 것입니다. 하지만 이 권력은 특정 소수가 자기 마음대로 만들어내는 것이 아닙니다. 자기 마음대로 권력을 만들어낼 수 있다고 생각한 정치 권력자들이나 종교 권력자들은 여지없이, 비록 시간의 차이는 있지만, 역사적인 평가를 받고 사라졌습니다.

오늘날 인도 사회에서는 네루가 품었던 종교와 정치 권력과의 관계 문제가 다른 방식으로 되살아나고 있습니다. 역사 교과서 개조 논란이 벌어지고 있는 인도의 상황을 다룬 〈연합뉴스〉의 한 기사(2016년 6월 17일자)에 따르면, 인도 서부 일부 주정부는 힌두교 이전의 문명인 "인더스 문명"이라는 말을 삭제하고 "우리 인도인은 …… 종교와 관계없이 민주적인 공화국을 건설한다"라고 되어 있는 부분을 "우리 인도인은 …… 종파와 관계없이 민주적인 공화국을 건설한다"로 바꿔치기해서 시민들에게 항의를 받고 있다고 합니다. 힌두교뿐 아니라 기독교나 이슬람교도 함께 아우르는 헌법 정신을 힌두교 중심주의 헌법 정신으로 바꾼 것입니다. 같은 주 고등학교 사회 교과서에는 배타적인 인종국가주의였던 히틀러를 찬양하는 내용이 실리기도 했습니다.

이러한 흐름이 단지 남의 나라만의 이야기일까요? 서유럽 여기저기에서 나치즘이 야금야금 다시 살아나고 있습니다. 미국에서 백인들의 혈통과 순수를 표방하는 복음주의 기독교인들은 자신들의 종교적 신념을 정치적으로 행사하기 위해 특정한 정치인을 집중적으로 지지하고 옹호하는 '정치 권력 행사'를 강화하고 있습니다. 이미 우리나라도 최근 몇 년 동안 특정한 정치이념을 표방한 종교인들이 태극기를 내세워 정치 권력을 장악하기 위해 끊임없이 종교인들을 선동하고 집회를 꾸리고 돈을 모으며 구성원들을 의식화하고 있습니다. 그들은 구성원들이 제대로 이해하고 판단하는 일을 막고 있는 거예요.

방금 나는 여러분에게 "제대로 이해하고 판단하는 일을 막고 있다"고 말했습니다. 그런데 이 말을 듣고 어떤 사람은 이렇게 반문할지 모릅니다. 어차피 종교적 신념이나 정치적 신념은 수학이나 과학적 진리와는 달라서 객관적인 진리가 보장되어 있는 것이 아니지 않는가? 자기 입맛대로 믿고 행동한다고 해서 그것을 제대로 이해하거나 판단하는 것이 아니라고 비판할 수 있겠는가?

사이비 종교 단체나 정치 단체에서도 이런 식의 반박을 할지 모릅니다. 어차피 종교적 믿음이나 정치적 신념은 객관적일 수가 없으며, 자신의 감정이나 열정, 주관적 판단에 의존할 수밖에 없다고 말입니다.

그러나 분명한 것은 종교나 정치 그리고 이 둘의 관계에 대한 역사적 교훈들이 적지 않다는 것입니다. 우리는 이것을 배우고 토론하고 생각하고 스스로 주체적으로 판단할 수 있어야 합니다. 잘못된 믿음의 사례가 역사적으로 적지 않습니다. 전적으로 객관적인 종교적-정치적 진리가 '보장되어 있는 것'은 아니지만, 적어도 그를 위해 지식과 이해를 높이기 위해 노력해야 할 필요가 있는 것입니다. 그것은 특정한 종교나 정치의 이념을 주입받는 것이 아니라 종교라는 것과 정치라는 것이 무엇인가에 대해 고민하고 성찰하는 것입니다. 아무리 자신과 가까웠던 간디라 해도 무조건 복종하거나 따르지 않았듯이, 우리도 종교나 정치라는 인류 문명의 가치 있는 활동에 대해 바르게 생각해보아야 합니다.

로마제국은 기독교가 탄생했을 때 무자비하게 억압하여 수많은 순교자를 발생시켰습니다. 하지만 로마인이었던 바울을 시작으로 하여 그들 로마인들은 결국 기독교를 국교로 받아들였습니다. 이후 로마의 황제들은 기독교를 활용하여 자신의 정치 권력을 강화시키려 애를 썼습니다. 그렇게 기독교인들은 정치 권력의 인정과 보호를 받으면서 점차로 조직을 키웠고 기독교는 위계화되고 관료화되었습니다. 로마가 멸망한 후에도 서양 사회는 정치계의 지도자와는 별도로 종교계의 지도자가 나란히 존재합니다. 물론, 오랜 세월 동안 로마 가톨릭 교황과 여러 나라 국왕들은 때로는 대립하기도 하고 때로는 타협하기도 하면서 관계를 맺어왔지만, 어느 한편이 다른 한편에 완전히 종속되지 않는 관계 방식이 정착되고 있는 것입니다.

종교가 특정 국가의 국교가 되면, 정치 권력으로부터 보호를 받고 물질적으로 혜택을 누리게 되는데 그로 인해 폐단도 시작됩니다. 정치 권력은 자신을 위해 종교 지도자들을 툭하면 부르고, 그들 조직에 속해 있는 구성원들에게 영향력을 미치고 그들의 힘을 활용하고자 합니다. 종교 지도자들에게는 특혜를 누리게 해주지요. 해방 이후 분단된 남한인 대한민국에서는 미국과 친한 정치 권력이 집권을 했는데 이들 중 대다수는 미국에 우호적일 뿐 아니라 개신교에 우호적인 사람들이 적지 않았습니다. 그렇다고 불교나 다른 종교가 탄압을 받은 것도 아닙니다. 거대한 종교 조직을 이끄는 종교 세력은 모두 인정받고 특혜를 받고 그 대가로 정치 권력에 협조를 했습니다.

일본에서도 국가의 전통적 종교인 신도(神道)는 일본인들에게 국가주의적 사고를 강화시켰습니다. 자신이 속한 국가가 남의 나라를 식민지로 만들고 전쟁을 일삼아도, 남의 나라 여인들을 성노예로 만드는 제도와 법을 만들어도, 무조건 국가를 위해 목숨을 바칠 준비가 되어 있는 수많은 국민들을 만들어냈던 것입니다. 일본과 식민지 한국의 종교 조직들과 교육 조직들의 책임자 자리에 있었던 사람들은 일본을 위해 목숨을 바치자는 구호를 앞장서서 외치기도 했습니다.

종교와 정치가
긍정적인 협력을 성취한 사례들

역사적 사례들을 보면 현실적 조직으로서의 종교나 정치는 나쁜 쪽으로 결탁할 때, 또 서로의 영향력 강화를 위해 서로를 이용할 때 가장 위험해진다는 것을 알 수 있습니다. 하지만 좋은 사례, 긍정적으로 평가될 만한 사례도 있지 않을까요? 물론 있습니다. 서양에서는 덴마크의 사례를, 동양에서는 한국의 사례를 들어보겠습니다.

동화작가 안데르센의 나라, 낙농과 축산으로 부유해지고 교육으로 문화시민이 된 덴마크는 종교가 국가 체제의 한 부분으로 제도화된 국교회 체제로 운영되었습니다. 안데르센의 동화 『눈의 여왕』을 읽어보면, 가난해도 기독교의 가치가 존중되고 '선은 수호되고 악은 징벌되는 일에 국가가 앞장선다'는 안데르센의 종교관과 국가관이 투영되어 있습니다. 덴마크에서 종교 지도자들은 곧 지식인이고 학자였으며 사상가이고 실천적 개혁가이기도 했습니다. 그룬트비가 대표적입니다.

그룬트비는 덴마크를 교육과 노동의 모범이 실천되는 부유한 나라로 만들어내는 데 결정적 역할을 했어요. 종교와 정치 권력이 조직 대 조직으로 결탁하거나 대립되지 않습니다. 덴마크 국민들에게 기독교라는 종교는 배타적인 모습을 띠고 있지도 않았습니다. 종교는 종교적 정신으로, 정치 권력은 정치적 제도로 서로 상호협력했고, 사람이 사람답게 살아가기 위해 꼭 필요한 모든 활동을 창조해내는 건강한 에너지로 작용했습니다.

물론 덴마크라고 해서 국교회 종교 지도자들의 문제가 아주 없었던 것은 아닙니다. 하지만 그런 문제들을 결코 내버려두지 않았어요. 참된 종교성을 회복하기 위한 종교적 각성 활동이 키에르케고어와 같은 철학자에 의해 전개되었습니다. 키에르케고어에게 있어 종교는 1차적으로 제도나 조직이 아니라 신 앞에 선 '단독자', 참된 종교성을 획득하기 위해 부단히 노력해가는 종교인의 영성, 즉 종교성으로서의 종교, 정신으로서의 종교였던 것입니다. 덴마크에서 종교와 정치 권력은 국가 위기 상황에서 성공적으로 협력하였습니다. 그 비결은 바로 한 사람 한 사람의 정신적 영성의 회복, 건강한 생활력의 회복에 있었기 때문에 오늘날 우리가 부러워할 만한 사회복지국가, 부유한 국가, 정신적으로 건전한 국가로 평가되고 있는 것입니다.

우리나라의 경우에도 긍정적 사례가 있습니다. 우리나라가 일본에 의해 식민지가 될 위기에 처해 있고, 가난한 농민들의 생활은 피폐해져만 가는데 지배층의 개혁은 기대할 수가 없었을 때였습니다. 서양의 학문에 대한 무조건적 수용을 거부하고 우리나라 동양의 학문을 정신적 자양분으로 삼아 새로운 영성과 개혁의 힘을 북돋우는 사상이 탄생했는데, 그것이 바로 동학(東學)입니다. 동학은 종교이기도 했지만 당시의 혼란스러운 정치 상황을 타개해나가기 위한 정치적 힘도 제공했습니다. 수많은 농민들로 구성된 동학교인들은 외세와 일본의 침입에 반대하며, 경제적 불평등을 양산하는 제도를 개혁하는 데 몸소 앞장섰습니다. 3.1만세운동에 참가한 종교인들 중에 가장 많은 수가 동학교인, 천도교인과 기독교인이었습니다. 독립운동을 위해, 종교가 서로 달라도 함께 협력하는 전통이 이로부터 계속될 수 있었지요.

그러나 덴마크와는 달리, 우리나라 동학운동은 정부-외국 군대와 대치한 끝에 진압되고 말았습니다. 일본 식민지 정치 권력은 동학을 금지했습니다. 성공한 덴마크나 중도 좌절된 한국이나, 두 사례에서 한 가지 공통적인 교훈을 이끌어낼 수 있습니다. 종교와 정치 권력의 바람직한 관계는 바로 '각 개인들의 정신과 마음, 삶에서의 실천을 중심으로 해야 가능해진다'는 점입니다. 현실 사회에서 거대해져만 가는 종교 조직과 정치 조직 그리고 각 개인의 양극화된 삶과 정신의 피폐화된 모습이 서로 동떨어져 갈수록 종교나 정치 권력은 본래적 모습을 상실한 채 사회에 유익한 도움을 주기보다는 해악을 주는 존재로 전락한다는 것입니다.

종교나 정치 권력이 기형화되고 이기적인 특권층의 전유물이 되지 않기 위해서라도, 종교나 정치 권력의 본질에 대해 객관적으로 성찰하고, 역사로부터 배우고, 정신을 통해 스스로 생각해봐야 합니다. 그리고 부당한 외압이나 권력의 남용에 대해서는 용기 있게 깨어 있어야 합니다. 종교나 정치는 남의 일이 아니라 우리 자신의 개인적 삶을 진실로 유익하게 변화시켜가는 정신 활동이고 삶의 실천 활동이기 때문입니다.

2부.

서양의 종교,
동양의 종교

4장

서양 종교 들여다보기

─ 유대교, 기독교, 이슬람교

유대인 테베 가족의
기도

　　　　　여러분은 〈지붕 위의 바이올린〉이라는 멋진 뮤지컬 음악영화를 본 적이 있나요? 유대인 가족에 대한 영화입니다. 우리가 알고 있는 유대교인은 자기 민족을 선택하여 지켜주고 보호하는 절대자 신인 야훼를 섬기고 그를 따르는 종교인들입니다. 그들은 같은 유대교인이었던 예수를 신성을 가진 존재로 인정하지 않으며 『신약성서』도 인정하지 않지요. 하지만 유대교를 믿는 유대인들에 대해 우리가 일반적으로 갖고 있는 감정은 우호적인 편입니다. 자세한 사정을 잘 알지는 못해도 유대인들은 히틀러에 의해 대량학살이라는 전례 없는 피해와 박해를 당한 민족이고, 훌륭한 예술가들을 많이 배출한 민족이어서 현대인들은 유대인과 유대교에 대해 적대적이지 않은 거죠.

〈지붕 위의 바이올린〉의 주인공 유대인 테베는 가난한 우유 배달부이면서 부인과 딸들의 가장이기도 합니다. 이 영화에는 수많은 아름다운 장면들이 나오는데 그중 두 장면을 뽑아보겠습니다. 먼저 안식일 기도의 장면입니다. 주인공 가족은 한 주일의 노동을 마치고 안식일이 되면 정성스럽게 음식을 차리고 깨끗한 옷으로 갈아입은 후 촛불을 켜고 식탁 주위를 둘러서 있습니다. 이제 테베와 부인은 딸들과 손님들 앞에서 다음과 같은 기도문을 낭독합니다.

하나님의 보살피심과 보호를 기원합니다. 불명예스럽지 않도록 우리를 도와주시고 우리들 모두가 이스라엘의 빛나는 이름…… 룻과 에스더처럼 행할 수 있게 하소서. 칭송을 받을 수 있게 하소서. 신이시여, 우리를 강하게 하소서. 그리고 악에서 우리들을 구하옵소서. 저희 딸들을 축복하여 주시고 장수하도록 도와주시옵소서. 안식일에 드리는 우리의 기도가 충만하게 하옵소서. 좋은 어머니와 부인들이 될 수 있도록 인도하시고 저희 딸들과 함께할 남편들을 보내주시옵소서. 하나님의 보살피심과 보호를 기원합니다. 저희들이 고통 받지 않도록 도와

주시옵소서. 신이시여, 저희들에게 은혜를 베푸시옵소서. 충만한 기쁨과 평화로. 오! 우리들의 안식일 기도를 들어주시옵소서.

유대교인들의 기도문에는 『구약성서』에 나오는 유명한 인물들을 본받게 해달라는 기원이 들어 있습니다. 그들은 이스라엘 민족이 위기에 처했을 때 지혜와 힘을 발휘하여 자신의 민족을 구한 인물들입니다. 테베 부부는 자기 딸들이 『성서』 속의 여성들과 같이, 훌륭한 일을 하고 칭송받는 사람이 되기를 기원합니다. 고통에서 벗어나고 장수하도록 축복과 은혜를 간구합니다. 강한 사람이 되어 악행을 저지르지 않기를 바랍니다.

그러나 다른 장면에서는, 유대교를 독실하게 믿는 주인공 테베가 혼자 일하면서 하나님과 함께 대화하며 독백하듯 기도로 이어지는 노래를 부르는데요. 그 내용은 위의 경건한 공식 기도문과는 차이가 있습니다. 신에게 고백하는 자신의 정직한 속마음과 바람들이 고스란히 들어 있습니다. 그는 자신과 자신의 가족이 가난으로부터 벗어날 수 있도록 간구합니다.

당신은 정말 많은 가난뱅이들을 만드셨군요. 가난이 수치가 아니라는 건 깨닫고 있습니다. 그렇다고 영예롭지도 않지요. 제가 조그만 행운을 갖는다 해서 뭐가 그리 나쁘냐는 겁니다…… 내가 부자였다면 종일

토록 먹고 마시며 놀겠네. 내가 부유한 사람이라면 힘들게 일을 안 할 거야. 내가 뻔지르르한 부자라면 의젓하고 여유 있는 모습일 거야. 난 큼직하고 높은 집을 짓겠네. 방도 12개를 만들고…… 내가 부자가 된다면 난 시간적 여유가 많아질 거야. 성전으로 가 오랜 시간 기도도 하고 동쪽 벽 앞에 좌석을 마련하고 학자들과 하루 7시간씩 『성서』에 대해 토론을 하겠네. 그것보다 달콤한 삶이 또 뭐가 있으랴.

주인공 테베는 가난한 우유배달부일 뿐 아니라 러시아 유대인 정착지에서도 곧 쫓겨나 정처 없이 이주민의 처지가 될 운명에 처합니다. 하지만 주인공 테베는 경쾌하고 재치 있게 기도문을 노래 부르며 혼자 품고 있던 소망들을 풀어놓습니다. 한 가지 신기한 것은 부자가 되면 종교 지도자 랍비의 삶을 살겠다는 고백입니다. 성전에 가서 종교 학자들과 하루에 7시간씩 『성서』에 대해 토론하고 기도하는 성직자로서의 삶을 선망하고 있는 것입니다.

유대교에서 랍비의 존재는 정신적 지도자이며 삶을 이끌어주는 사람입니다. 그들의 풍부한 학식과 지혜는 신과도 소통하게 하고 일반 신자들과도 소통하게 하므로 매우 존경받는 삶의 모범이 됩니다. 우리가 오늘날 종교 지도자들이나 성직자들의 비리와 폐단에 너무 익숙해져서일까요? 주인공의 이러한 선망이 매우 신선하기까지 합니다. 우리는 부자가 되면 성직자가 되고 싶은 꿈을 좀처럼 꾸지 않을 텐데요. 하지만 서양뿐 아니라 동양에서도 성직자와 학자로서의 삶을 선택한 사람들 중에는 왕족과 같은 특권적 지위와 신분을 버린 사람들이 적지 않았습니다.

미국 볼티모어
기독교인의 기도문

유대교는 예수의 신성을 인정하지 않기에 그들은 기독교를 인정하지 않습니다. 그런데도 오늘날 서양인들은 유대교와 기독교가 매우 친한 사이라고 생각합니다. 기독교의 예수를 십자가에 못 박는 만행을 저지른 사람들이 유대인들이었음에도 불구하고 유대교인들과 기독교인들은 똑같이 이스라엘 민족의 하나님을 동일한 신으로 섬기고 있습니다. 기독교는 박해의 시기를 지나 수많은 나라에서 국교로 인정되고 서유럽 대부분의 국가들에서 지원받고 보호받는 종교가 되었습니다. 유대교가 전 세계적으로 흩어진 유대인들에 의해 비교적 폐쇄적인 문화로 존속되어온 것에 비하여 기독교는 서구 문명의 중심적인 정신적 표준으로 자리 잡게 됩니다. 기독교인들은 유대인들의 역사와 『구약성서』를 모두 인정하여 신앙의 대상으로 삼으며 이스라엘을 성지순례의 장소로 방문합니다.

기독교는 예수가 단순히 인간이 아니라 신성을 가진 존재임을 굳게 믿습니다. 예수는 신이자 인간입니다. 그래서 기독교인들은 구약의 하나님뿐 아니라 신약의 예수를 똑같이 섬기는 것입니다. 기독교가 서양의 중심적인 종교로 서양 사회를 지배하게 된데에는, 유대인의 신을 보편적 사랑의 신으로 재해석한 기독교 학자들의 공로가 크다고 할 수 있겠습니다. 그래서 기독교는 유대인들이 이방인으로 차별했던 수많은 사람들에게도 똑같이 대합니다. 이제 기독교는 예수를 하나님의 아들이자 신성을 지닌 존재로 믿는 사람들 모두의 종교가 되었습니다. 예수교가 된 것이지요. 우리 주변에서 익숙하게 볼 수 있는 교회에는 모두 '예수교 00 교회' 등과 같이 표시가 되어 있지요? 그것은 바로 이 때문입니다. 기독교인은 모두 그리스도인이라고 부릅니다. 예수를 믿는 사람들, 예수를 구세주로 받아들이는 사람들이라는 뜻이지요.

그렇다면 기독교인들은 어떤 기도를 했을까요? 예수는 『신약성경』에서 직접 이렇게 기도하라고 알려주었습니다. 그것이 〈주기도문〉입니다. 이 기도문에는 하나님만을 신으로 섬기는 것, 나날의 양식에 대한 감사, 함께 살아가는 인간관계에서 서로를 용서하며 사랑을 베풀라는 것, 그와 함께 신에게도 용서와 사랑을 구하라는 내용이 들어 있습니다. 〈주기도문〉을 중심으로 기독교인들 사이에서는 오랜 세월에 걸쳐 수많은 종류의 기도문들이 수많은 사람들에 의해 계속 만들어져왔습니다. 이제 여러분과 함께 읽어볼 기독교의 또 다른 기도문을 소개해보겠습니다. 이 기도문은 1692년 미국 볼티모어의 오래된 교회당에서 발견된 것입니다. 지은이가 누구인지 알려져 있지 않아요. 그 내용의 일부를 함께 읽어볼까요?

소란과 황급한 곳에서도 평안한 마음으로 나아가라. 그리고 침묵 속에서 맛볼 수 있는 평화로움을 늘 기억하라. 남을 소외시키는 일 없이 가능한 한 모든 사람들과 화목하게 생활하라. 부드러우면서도 분명하게 너의 진실을 말하라. 그리고 남의 이야기에 귀 기울여라.

어리석고 무지한 자의 이야기까지도 경청하라. 그 사람들에게도 나름대로의 역사가 있는 법이기 때문이다. 말 많고 공격적인 사람은 피하라. 그런 사람들은 너를 자만하게 만들 수도 있기 때문이다. 항상 너 자신보다 위대한 사람과 너보다 못한 사람이 있게 마련이다……. 너 자신이 되려고 노력하라. 특히 우정을 가장하지 말라. 사랑에 있어서도 냉소적이어서는 안 된다. 냉소적인 태도야말로 잡초처럼 영원한 정신의 메마름과 환멸에 이르게 하는 지름길이기 때문이다……. 건전한 규율을 지키기만 한다면 스스로에게 너그럽게 대하라. 너는 나무나 별들과 마찬가지로 우주의 일부분이므로 당당히 이곳에서 살아갈 권리를 지녔다.

어떤가요? 이 기도문은 마치 기독교의 신이 신자들에게 따뜻한 말투로 삶에 대한 조언을 들려주는 듯합니다. 신의 목소리이지만 나긋나긋 다정한 부모의 목소리와도 닮았습니다. 이 기도문은 다음과 같이 마무리됩니다.

네가 알든 모르든 우주는 틀림없이 원칙에 따라 움직이고 있다. 신에 대한 너의 견해가 어떠하든 간에 신과 화해하라. 네가 하는 일, 너의 꿈이 무엇이든 인생의 요란스러운 무질서 속에서 네 영혼의 평화를 간직하라. 비록 불성실과 따분한 일, 깨어진 꿈으로 가득 찼을지라도 이 세상은 아름다운 곳이다. 주의하라. 행복해지기 위해 노력하라.

소박하고 정직한 어떤 기독교인이 정성을 다해 기도할 때 이런 내용이 신의 목소리로 들려온다면 그 느낌이 어떨까요? 그 사람의 마음은 행복과 평화로 가득 찰 것입니다. 기독교는 이와 같이 서양 사회에서 막대한 정신적 영향력을 행사했습니다. 하지만 모든 종교적 상황이 이렇게 달콤하게만 흘러가지는 않았지요. 기독교는 국가 권력과 협력하고 투쟁하면서 교황을 중심으로 하는 권력과 왕을 중심으로 하는 권력 사이에서 끊임없는 투쟁이 있었고, 기독교인들 사이에서도 오랫동안 분열과 반목으로 다툼이 계속되었습니다. 수많은 종교 조직들이 생기고 힘을 행사하다가 사라져갔습니다. 기독교 문화도 여러 가지 폐단들이 생기게 된 거예요.

덴마크 기독교철학자
키에르케고어의 글

덴마크의 기독교철학자였던 키에르케고어는 서양 사회 속에서 세속적인 국가 공무원과 비슷해지는 기독교 성직자들의 모습 그리고 형식적인 신앙생활을 목격했습니다. 키에르케고어는 진정한 그리스도인으로 산다는 것에 대해 진지하게 사색하면서 형식적인 모습들을 강하게 비판했습니다. 그는 멋진 글 솜씨로 자기 이름을 숨기고 교회 성직자들의 위선적인 모습을 공격했습니다. 또한 그는 참된 기독교인의 모습을 '들에 핀 백합화(야생화)'나 '하늘을 나는 새'의 삶에 비유하는 아름다운 글을 쓰기도 했습니다. 키에르케고어가 쓴 글 중의 일부를 함께 읽어볼까요?

새는 경쾌하고 민첩한 나그네이며, 무지해진 부유한 그리스도인은 영원히 그리고 더 멀리 길을 떠난 것이지만, 부유한 이방인은 돌처럼 무겁게 이 지상에 달라붙어 있으며, 부정해짐으로써 점점 더 무거워집니다. 만약 사람이 부유하다면, 부유해지는 방법은 오직 한 가지, 자기의 부유함에 대하여 무지해지는 것, 가난해지는 것밖에 없습니다. 새의 방법은 제일 빠른 지름길이며, 그리스도인의 방법은 가장 복된 것입니다. 그리스도교의 가르침에 의하면, 부유한 자는 오직 한 사람 그리스도인뿐이며, 가난하든 복되든 간에, 그 이외의 사람은 모두 가난한 것입니다. (키에르케고어, 『이방인의 염려』, 표재명 옮김, 프리칭아카데미, 2005, 54쪽)

키에르케고어의 종교철학을 옮기고 해설한 한국의 철학자 표재명은 키에르케고어의 말을 해설하면서 "당시의 교회와 신도들에 대한 비판이기에 앞서 키에르케고어가 자신의 삶을 살펴보면서 자기를 정죄하고 바로 서기 위한 것이었음을 알아야 한다. 부친의 유산으로 유복한 삶을 누렸던 그는 좀처럼 검소한 생활을 하지 못했으며, 재산이 거의 바닥이 났을 때에는 취업할 궁리를 하며 앞으로의 삶을 염려하기도 했다"(키에르케고어, 『이방인의 염려』, 표재명 옮김, 프리칭아카데미, 2005, 155쪽)고 말합니다. 키에르케고어가 말한 이방인은 기독교 밖에 있는 사람이 아니라 기독교인으로 살면서도 사실은 평생 그리스도인과는 무관한 삶을 살고 있는 '무늬만 기독교인'을 겨냥하는 것이었습니다. 키에르케고어는 『구약성서』외경 중 하나인 〈시락의 아들 예수〉[*]의 내용을 인용하면서 다음과 같이 말합니다.

> 그리스도인은, 가장 엄격한 교부의 한 사람이 그렇게 하듯이, 예수 시락의 말, "그대의 혼을 사랑하고 그대의 마음을 위로하며 슬픔을 멀리 물리쳐라"를 처세훈으로서가 아니라 하나님을 공경하는 것으로 찬양하는 것입니다. 자기 자신에 대하여 자학하는 자만큼 잔혹한 자가 또 있겠습니까? (키에르케고어, 『이방인의 염려』, 표재명 옮김, 프리칭아카데미, 2005, 121쪽)

키에르케고어가 인용한 『구약성서』의 구절을 찾아보면 "내 마음을 슬픔에 내맡기지 말며 부질없는 생각으로 고민하지 말아라. 마음의 기쁨은 사람에게 생기를 주고 쾌활은 그의 수명을 연장시킨다. 근심을 멀리하고 네 마음을 달래라"(『공동번역성서』〈집회서〉 30장 20~25절)고 말합니다. 기독교철학자이지만 개신교가 인정하지 않는 『성경』 부분까지 인용하면서 하나님을 공경하는 일과 자기 자신의 혼을 사랑하고 스스로 위로하는 일을 관련짓고

---

[*] 『구약성서』에 실리지 않은 경들을 가리켜 외경이라고 하지요. 하지만 가톨릭과 개신교가 공동으로 번역한 『공동번역성서』에는 실려 있습니다. 구약의 외경들 중에서 내가 특히 즐겨 읽는 것은 〈집회서〉입니다. 그런데 이 〈집회서〉를 지은 사람이 바로 시락의 아들 예수입니다.

있는 그의 생각은 매우 자유로운 것 같지 않나요? 그는 지식의 나무 열매를 향유하고 있는 듯이 보입니다.

수많은 기독교인들이 그들의 삶에서 각종 비리와 폐단, 위선, 돈에 대한 탐욕과 무지로 인한 어리석은 고집과 반사회적 행동들을 보여주고 있습니다. 우리 사회도 예외는 아닙니다. 수많은 기독교인들이 서로 분열되어 있는데, 특히 빈부의 격차에 따른 분열이 가장 심각합니다. 일부 부유한 기독교인들은 세상 사람들보다도 더 막강한 권력을 행사하면서도 기독교의 정신과는 정반대의 모습을 보여주고 있습니다. 키에르케고어는 이러한 현실을 정직하게 폭로하는 것으로부터 시작하여 스스로 참된 기독교인이 되는 사색과 실천의 삶을 살고자 했습니다.

이슬람교인
오마르 하이염의 시

그런데 말이지요. 기독교는 유대교를 적대시하지 않지만, 이슬람교는 매우 적대시합니다. 이슬람교는 왜 기독교인들에게 그런 취급을 받는 것일까요? 우리는 사실 이슬람교에 대해 잘 알지 못하면서도 서양 기독교인이 취하는 태도와 동일한 방식으로 생각하고 경계하곤 합니다. 한국의 기독교인들은 유대교나 유대인들 역사의 중심인 이스라엘과 이스라엘 민족의 이야기에는 귀를 기울이면서도 이슬람교에 대해서는 강하게 배척하는 태도를 갖고 있습니다.

이슬람교는 유대교와 마찬가지로 이스라엘의 신을 믿는 종교입니다. 이슬람교 역시『구약성서』를 경전으로 삼고 있습니다. 유대교와 기독교 그리고 이슬람교를 결정적으로 갈라지게 하는 것은 바로 예수에 대한 견해 차이입니다. 유대교에서는 예수를 신성을 가진 존재로 인정하지 않습니다. 이것은 이슬람교도 마찬가지입니다. 이슬람교에서도 예수는 예언자의 한 사람일 뿐, 신성을 가진 존재는 아닙니다. 그렇다면 기독교는 유대교와 이슬람교에 대해 똑같은 태도를 보여야 하지 않을까요? 하지만 현실은 그렇지 않습니다. 서양의 기독교인들에게 이슬람교는 동방의 종교일 뿐 아니라 예수를 모독하는 종교이기에 강하게 적대합니다. 그들은 정작 예수를 죽인 유대인들과 유대교에 대해서는 강하게 적대하지 않는데도 말이지요. 이슬람교와 기독교 사이의 대립과 반목은 하루아침에 형성된 것이 아닙니다. 1천 년이 넘는 세월 동안 이 두 종교 세력은 대립해오고 있습니다.

이슬람교에도 모세나 요셉 이야기가 있고, 구약의 성인들 이야기가 있습니다. 에덴동산의 아담과 이브도 있습니다. 유대교의 경전인『토라』, 기독교의 경전인『성경(바이블)』, 이슬람교의 경전인『코란(꾸란)』에는 모두 에덴동산 이야기와 선악과, 선과 악을 알게 하는 지식의 나무 이야기가 다뤄지고 있습니다. 유대교에서는 선악의 지식 나무를 안식일 이전에 설익은 상태로 따 먹은 것이 문제라고 봅니다. 그러나 기독교에서는 하나님의 명령을 어겨서 원죄를 갖게 되었다는 인류의 불행한 사건으로 보지요. 그런데 이슬람교에서는 선악과를 따 먹은 행위를 원죄로 간주하지 않고 정결한 종교의식으로 바꿀 수 있는 오염된 행위 정도로 봅니다. 흥미롭지 않나요? 동일한 사건을 이 세 종교가 모두 다루는 것도 흥미롭고 이들 세 종교가 각각 서로 다르게 해석하는 것도 흥미롭습니다. *

이슬람교는 아랍권 사람들 그리고 인도와 아시아, 남부유럽 등 넓은 지역의 문화와 문명에 광범위하게 영향을 미치고 있습니다. 이제 이슬람의 유명한 학자 오마르 하이염의 시집『로버이여트』에서 몇몇 시들을 꺼내어 함께 읽어보도록 할까요?

코란(꾸란)을 일러 위대한 말씀이라 한다지만 더러 꾸준히 읽지 않는

---

* 이 이야기를 더 자세히 알고 싶으면 에덴동산의 아담 이야기를 유대교와 기독교, 이슬람교가 각각 어떤 방식으로 해석하고 있는지 연구한, 손영광 님의 글(손영광, 「아담 이야기가 끼친 종교의식 비교 연구–유대교와 기독교와 이슬람교를 중심으로」, 《한국중동학회논총》 35권 1호, 2014)을 찾아서 읽어볼 수 있습니다.

경우 있구나. 술잔에는 빙 둘러 적힌 구절 있으니 사람들 어디서나 늘 그걸 읽는구나. …… 오늘, 내일을 손에 넣을 순 없는 노릇. 내일에 대한 사색은 허튼 생각일 뿐. 사랑 품은 마음 아니라면 이 순간 망치지 말아라. 내게 남은 인생 그 값을 매길 수 없도다. …… 마음이여, 세월이 널 슬피 만들고 네 맑은 영혼 별안간 육신에서 분리되리라. 네 흙에서 새 싹 돋아나기 전에 풀밭에 앉아 하루 잠시라도 즐기라. …… 비밀을 품고 생겨 나온 이 바다. 탐구의 구슬을 꿰어 설명한 이 없구나, 저마다 짐작과 추측으로 한 마디씩 하였으나 그 본질에 대해서는 다들 모른다 하였더라. (오마르 하이염, 『로버이여트』, 최인화 옮김, 필요한책, 2019, 11~22쪽)

오마르 하이염은 과학이나 수학, 철학에 조예가 깊었고 궁정에서 왕의 고문 역할도 했던 사람입니다. 물론 이슬람 교인이었지요. 하지만 이 시인의 입을 통해 엿보게 되는 이슬람교의 모습은 독실하고 엄격한 종교의 얼굴을 갖고 있거나, 세계 각지에서 무장 투쟁과 테러를 일삼는 모습과는 매우 차이가 있습니다. 우리는 이슬람교를 믿고 살아가는 사람들의 문화와 사상에 대해 너무 좁은 생각만을 갖고 있는 것은 아닐까요? 유대교나 기독교 그리고 이슬람교는 모두 이스라엘을 자신의 성지로 삼고 『구약성서』의 내용을 경전의 일부로 받아들이고 있으며 그들의 기도문이나 사고

방식에는 극단적 차이보다는 공통점이 적지 않다는 것을 알 수 있습니다.

서양의 종교들은
같은 지식의 나무 열매를 갖고 있다

우리는 종교를 제대로 이해하기 위해서라도 우리 자신에게 있는 지식의 나무 열매를 외면해서는 안 됩니다. 지식은 바른 이해를 위한 지름길일 뿐만 아니라 종교, 특히 우리에게 익숙하지 않은 지역과 문화의 종교를 편견 없이 대하는 데 매우 중요한 것입니다. 이제, 다시 오늘 이야기의 출발점이었던 뮤지컬 음악영화 〈지붕 위의 바이올린〉 이야기로 돌아가볼까요? 가난한 우유배달부 주인공이 신과 대화하면서 부자가 되면 하고 싶은 버킷 리스트 중에 특이한 것이 있었던 것을 기억하나요? 부자가 되면 공부와 연구를 실컷 하고 싶다고 말하는 게 언뜻 이해가 가지 않았지요? 하지만 유대교에서 랍비가 어떤 존재인가를 상상해보면 주인공의 선망을 이해할 수도 있습니다.

유대교에서의 랍비, 기독교에서의 신학자, 이슬람교에서의 성직자 모두 신과 같이 눈이 밝아지는 지식의 나무 열매를 키우는 사람들입니다. 지식의 나무 열매는 우리를 악의 구렁텅이에 빠뜨리는 죄가 결코 아닙니다. 우리로 하여금 무지와 어리석음 그리고 탐욕에 휘둘리지 않고, 사소한 것들에 집착하지 않으며 바른 이해를 통해 지혜롭고 평화로운 삶을 살게 해주는 것입니다. 종교적 삶에 충실하고자 한 사람들일수록 이 지식의 나무 열매를 가꾸고 기르는 데 게으르지 않습니다. 유대교와 기독교 그리고 이슬람교가 서로 반목하고 대립하는 현실 속에서는 지식의 나무 열매를 키우는 사람들의 존재는 더욱 소중합니다. 여러분도 종교에 헌신하고 싶은가요? 여러분도 종교적 삶에 충실하고 싶은가요? 그렇다면 먼저 여러분 스스로 지식의 나무 열매를 키워야 합니다. 그것이 출발입니다.

5장

동양 종교 들여다보기
— 고대 인도 브라만교, 불교, 유교, 동학

『우파니샤드』속의
대화

동양의 종교를 생각해보면, 여러분은 어떤 모습이 떠오르나요? 단식투쟁으로 유명한 인도의 독립운동가 간디가 하의만 걸친 채 마른 몸으로 물레질을 하는 사진은 너무도 잘 알려져 있지요. 그런가 하면, 중국이나 한국 그리고 일본의 사찰이 아름다운 경치 속에 있고 템플스테이를 하는 모습도 떠올릴 수 있겠군요. 오늘은 동양의 여러 종교들에 관해 공부해보는 시간을 갖겠습니다. 동양의 종교들은 서로 다르면서도 하나의 거대한 뿌리를 공유하고 있다는 것을 여러분은 알게 될 거예요. 고전작품들 속에서는 동양의 종교들이 어떤 모습으로 들어 있을까요? 동양의 여러 종교들 중 대표적으로 네 가지를 선택하여 여러분에게 소개하려고 합니다. 그것은 고대 인도 브라만교(힌두교의 전신), 불교, 유교, 한국의 동학입니다.

간디는 힌두교 신자였어요. 힌두교의 전신은 고대 인도 브라만교입니다. 고대의 인도인들은 브라만교와 카스트 제도로 인더스 문명을 이룩했는데 브라만교는 성직자 계급인 브라만들에 의해 전수된 종교입니다. 옛날의 종교들이 대부분 그러했듯이 브라만교의 경전들은 신성한 제사에 관한 내용들로 가득 차 있었습니다. 성직자 계급과 왕족들에 의해 중요하게 간주되고 읽히던 경전들은 베다 경전이었습니다. 아주 오랫동안 만들어지고 수많은 사람들에 의해 암송되었던 이 베다 경전들 중에서 특히 철학적인 내용들로 가득 차 있는 후기 베다 경전들을 가리켜 『우파니샤드』라고 합니다.

『우파니샤드』는 '제자가 스승 곁에 앉아 진리를 전해 듣고 사색하며 배운다'는 뜻을 갖고 있습니다. 제자들은 저마다 세상의 진리 그리고 자신의 참된 모습을 찾아 구도의 길을 나선 이들입니다. 그런데 이들은 모두 명상 수행을 하는 사람들이었습니다. 오늘날 유행하는 요가가 바로 이들이 수행했던 모습을 가리키는 말입니다. 요가는 몸과 마음이 우주적 존재와 합일하도록 도와주는 수행입니다. 우리는 요가를 몸을 만드는 운동이나 정신을 집중하는 명상 정도로 생각하지만, 사실 요가는 수천 년의 역사를 가진 오래된 종교적 수행 활동을 가리킵니다. 고대 인도인들의 브라만교에서는 요가를 열심히 하는 것이야말로 참된 지혜를 얻고 훌륭한 사제가 되는 길이었답니다. 이들 제자와 스승이 주고받은 철학적 대화가 수없이 많기에 『우파니샤드』의 이름도 여러 가지입니다. 이 중에서 〈찬도기야 우파니샤드〉의 내용을 잠시 들여다볼까요?

> 그대는 그 문을 열어주오. 우리가 이 땅 세계를 얻을 수 있도록 그것을 통해 그대를 볼 수 있도록.…… 누구든 이 끝이 없는 모습의 존재 브라흐만을 알고 브라흐만의 끝없는 존재, 환히 비추어주는 모습의 존재 브라흐만을 명상하는 자는 이 세상에서 끝이 없는 덕을 가진 자, 이 세상에서 환한 지혜를 가진 자가 될 것이다. …… 가장 오래되었으며 온 세상의 근원인 브라흐만 안에서 지혜로운 자들은 온 사방을 대낮처럼 비추는 지고의 빛을 어디서나 본다. 무지를 내쫓는 빛, 우리의 중심 안에 든 빛과 다르지 않은 그 빛, 다른 어떤 빛보다도 훌륭한 그 빛을 알고 나면, 우리는 빛 중에 가장 밝고 모든 빛 중에 가장 훌륭한 태양, 가장 훌륭한 태양을 얻는 것이다. (『우파니샤드』, 이재숙 옮김, 한길사, 274~302쪽)

이 내용만 읽어 보면 마치 이집트의 태양신을 숭배하는 사제들과 왕들이 연상이 될 거예요. 하지만 『우파니샤드』에는 여러 내용들이 다양하게 들어 있습니다. 우리가 인도 카스트제도를 비판하잖아요. 그런데 바로 그런 생각의 단초도 들어 있습니다. 고대 인도인들은 착한 일(선업)을 쌓은 사람들은 다음 세상에 태어날 때 성직자나 군인으로 태어나고 악한 일(악업)을 쌓은 사람들은 개나 돼지, 천민으로 태어난다고 믿었습니다. 오늘날의 기준으로 보면 성직자나 군인으로 태어나는 게 가장 특권인가 하는 의문을 가질 수 있겠지요. 하지만 금수저와 같은 부자로 태어나기를 바라는 사회, 돈으로 차별하는 현대 사회도 여전히 카스트제도와 비슷한 면이 있다고 할 수 있겠죠.

〈찬도기야 우파니샤드〉에는 또 이런 대화가 있습니다. 열두 살이었던 소년이 스승을 찾아가 스물네 살이 될 때까지 모든 베다를 공부하고 집으로 돌아옵니다. 그가 자신감에 차 있는 모습을 보고 아버지는 아들에게 말합니다. "들리지 않던 것이 들리게 되고, 생각할 수 없는 것을 생각하게 되며, 알지 못하는 것을 알게 되는 지혜야말로 참된 가르침이다. 그리고 그 참된 가르침은 브라흐만과 아트만의 관계를 아는 지혜라고요." 이렇게 아버지는 아들에게 참된 지혜의 비밀을 전합니다. "이 세상에 오직 그 하나의 존재밖에 없는 그 존재가 바로 브라흐만이고 그 존재가 '여럿이 되려고' 태어나서 수많은 개별적 존재 하나하나에 들어간 것이 바로 아트만이란다! 그것이 바로 너다!"

이 말을 들은 아들은 얼마나 놀랐을까요? 위대한 존재 브라흐만을 섬기고 믿으며 그의 축복을 받는 것이 아니라 바로 자신 속에 그러한 존재가 들어왔다니! 브라흐만은 내 밖에 멀리 떨어져 있는 존재가 아니라 나와 너, 만물의 모든 존재 안에 들어 있는 것이라니! 고대 인도의 브라만교에는 이렇게 신비적인 가르침이 들어 있었습니다. 『우파니샤드』는 수많은 사람들에게 읽혀지면서 이후에 여러 가지 새로운 종교적–철학적 사상들이 출현하게 됩니다. 전통적인 브라만교는 힌두교라는 종교가 되었지만, 카스트제도를 부정하고 평등사상을 부르짖는 개혁파도 등장하지요. 브라흐만과 아트만의 존재를 더욱더 철학적으로 밝혀내는 사상들도 생기게 됩니다.

고려 불교인 지눌 스님의
마음을 닦는 법

이러한 분위기에서 생겨난 종교 중의 하나가 불교입니다. 불교는 인도의 한 왕족의 아들 석가모니가 출가하여 수행 끝에 창시한 종교입니다. 불교는 힌두교와 경쟁하고 흡수되면서 인도 내에서는 종적을 감추게 되었지만, 중국과 동남아시아, 일본, 우리나라에 이르기까지 광범위하고 강력한 영향력을 미치게 되었습니다. 불교 자체가 매우 철학적인 토양 속에서 발생했기 때문에, 그 종교적 가르침을 두고 다른 어떤 종교보다 이론적인 논쟁들이 풍부하게 발전되었습니다. 또한 이웃 나라들로 전파되면서 현지의 종교적 토양과 자연스럽게 융합되어 각 나라마다 불교의 특성이 다양해졌습니다.

동남아 국가를 여행하면 만나게 되는 남방불교는 불교 성직자들과 수행자들이 종교적 수행에만 전념하면서 경제적 지원은 일반인들의 공양에 의존하는 것이 일반적인 사회풍습으로 자리 잡고 있습니다. 이와 달리 중국이나 일본, 한국의 불교는 대승불교와 선불교의 모습이 강합니다. 특히 우리나라의 불교가 이런 모습을 가장 강하게 보이고 있어요. 대승불교에서 중요하게 생각하는 것은 '모든 사람이 평등하게 불성(불교에서 말하는 근본적 깨달음의 능력)을 갖고 있다'는 것입니다. 그리고 선불교에서 중요하게 생각하는 것은 '자신 안의 불성을 깨달을 수 있도록 열심히 수행해야 한다'는 것입니다. 선불교에서 가장 중요하게 생각하는 수행은 바로 마음수행입니다.

우리나라는 특히 불교 문화가 오래된 나라입니다. 삼국시대

2부. 서양의 종교, 동양의 종교

부터 불교가 시작되었으니 우리나라의 역사와 거의 비슷한 나이를 갖고 있는 셈입니다. 지금은 우리나라가 다종교 사회이지만 적어도 고려시대까지는 불교가 사회의 중심적인 종교로서 역할을 했습니다. 나라를 다스리는 지도층에 있었던 유학자들도 모두 불교를 믿었습니다. 마치 서양에서 나라를 다스리는 지도층에 있었던 왕족들이 모두 기독교를 믿었던 것과 다르지 않아요. 자, 이제 불교의 경전 속을 잠깐 들여다보도록 할까요? 우리나라 사람들이 가장 즐겨 읽었던, 고려 스님 지눌의 말입니다.

> 내가 요즘 보니, 마음 닦는 사람들이 문자의 뜻에 의지하지 않고 '바로 비밀스런 뜻을 전하는 곳'을 도(핵심 가르침)로 삼는다면서 캄캄한 곳에서 부질없이 힘들게 앉아 졸고만 있거나, 혹은 수행을 한다면서 참마음을 잊고 혼란스러워하고 있다. 그러므로 모름지기 참다운 가르침에 의지하여, 참 이치를 깨닫고 닦아나가는 근본과 곁가지를 잘 추려, 이것으로 자신의 마음을 비추어 보면서 언제나 마음을 챙겨 이를 잘못 쓰지 말아야 한다. (지눌, 『절요: 선의 종착지로 가는 길』, 원순 옮김, 법공양, 2017, 18~19쪽)

우리에게 비교적 친근한 불교의 모습은 선 수행을 하는 스님들의 모습일 것입니다. 중국이나 일본과는 달리 참선 수행을 하는 전통이 충실히 남아 있고 지켜지고 있는 나라가 바로 한국이라고 합니다. 그토록 오랜 세월 동안 전통을 잊지 않고 참된 마음의 수행을 위해 참선하는 스님들은 과연 어떤 가르침으로 수행을 하고 있는 것일까요? 지눌의 말을 보면, 스님들도 수행 과정에서 여러 가지 난관에 부딪치고 있음을 짐작할 수 있습니다.

불교의 핵심은 바로 이 세상의 모든 존재와 자신의 존재에 대한 참된 깨달음을 갖는 것입니다. 그러기 위해서는 반드시 무지와 무명으로부터 벗어나야 합니다. 그런데 말이에요, 도서관에 가서 잠깐만 훑어보면 불교 관련 경전들이나 해설서, 주석서들의 규모와 양이 어마어마하다는 것을 알 수 있어요. 이런저런 지식에 휩쓸리지 않고 오롯이 마음챙김 명상에만 몰두하는 것을 중시하기도 하지만, 불교에서는 자신의 깨달음이 주관적이거나 임의적인 것이 되지 않도록 바른 이해를 추구하는 것도 강조됩니다.

불교의 이런 모습을 접한 서양인들은 동양의 종교인 불교를 학문이나 심리치유 활동과 비슷하게 생각하기도 하지요. 서양인들에게 종교는 신을 숭배하고 찬양하는 활동인데 동양의 불교는 그런 모습과는 매우 다르기 때문이에요. 하지만 불교는 엄연히 종교입니다. 종교인데도 지식과 지적인 깨달음, 지적인 공부를 매우 중요하게 생각한다는 것이 서양 종교와의 차이예요.

물론 동양이든 서양이든 종교는 공부의 대상이 아니라 신앙의 대상으로 간주되어서 절대자에게 복을 빌고 축복을 기원하며 해로운 일을 겪지 않고 행복한 삶을 살 수 있도록 기원하는 신앙 활동이 핵심이라고 말할 수도 있어요. 하지만 바르게 믿기 위해서도 바르게 공부하고 바르게 이해하는 것이 매우 중요합니다. 이런 면에서 보면, 동양의 종교는 종교에서의 바른 공부와 깨달음을 서양보다 더욱 강조하고 있음을 알 수 있답니다.

유교에도
종교성이 들어 있다

동양에서 불교에 못지않게 사람들의 정신과 생활에 막강한 영향을 미친 종교가 또 있습니다. 그것은 유교입니다. 어떤 사람들은 유교는 학문이나 정치이념이지 종교는 아니라고 말하기도 합니다. 하지만 유교도 종교성을 갖고 있다고 볼 수 있어요. 이제 유교에 대해 조금 살펴보도록 하겠습니다. 유교는 본래 중국의 토착 종교입니다. 유교 역시 불교와 마찬가지로 철학적 이론화가 정교해진 성리학을 탄생시켰고 고려와 조선의 수많은 선비들은 성리학을 공부하면서 한평생의 삶을 종교적 수행을 하듯이 도를 닦으며 살았습니다. 여러분은 드라마나 영화에서 제사를 도맡으며 살았던 맏며느리 이야기를 본 적이 있지요? 또한 어려서부터 한문을 배우고 유교 경전들의 내용을 암송하며 과거에 급제하여 벼슬을 살았던 선비 이야기를 들은 적이 있을 거예요. 그들 중에는, 자신의 신념에 반하는 일에 굴복하지 않았다가 사약을 받거나 유배를 당하는 사람도 적지 않았어요. 유교인들의 삶 속에는 도를 추구하는 삶이 이상적 모범으로 자리 잡고 있는 것을 알 수 있습니다.

물론 이런 모습을 보고, 명분에만 치우친 삶이나 가족의 일부를 희생시키는 차별적 삶, 현실은 도외시하고 의리에만 치우친 삶 등으로 비난하는 사람들도 있었습니다. 하지만 우리는 유교적 가치를 믿으면서 한평생을 살았던 우리 조상들의 모습과 생각에 대해 충분히 알지 못하고 있어요. 잘 이해하기 전에 일부 사실들을 보고 편견을 갖고 있는 것은 아닐까요?

유교에 종교성이 있다는 것은 유교에서 추구하는 성인의 삶, 도를 추구하는 삶이 종교적 차원에까지 넓고 깊게 이르고 있다는 뜻입니다. 유교는 무엇보다 도덕적 삶을 중요하게 생각합니다. 그런데 이 도덕적 삶은 그냥 착한 일을 하면 좋은 것 정도가 아닙니다. 착한 일을 하면 다음 세상에서 높은 신분으로 태어날 수 있기 때문도 아닙니다. 유교에서는 도덕적 가치가 매우 중요한 의미가 있습니다.

유교는 사람이 이 세상에서 살 때 결코 아무렇게나, 하고 싶은 대로 살아서는 안 된다고 생각했습니다. 유교는 '사람답게' 사는 길이 있다고 생각했던 것입니다. 그것은 유교에서 중요하게 생각하는 경전에 나와 있습니다. 그래서 유교인들은 어려서부터 글공부에 그토록 열심이었던 거예요. 유교에서 배움과 가르침은 목숨만큼 소중한 것이었습니다. 여러분은 이미륵의 『압록강은 흐른다』라는 소설을 알고 있나요? 이 소설에서 이미륵이 살던 시대의 한국 사람들은 서당과 집에서 한문을 통해 유교 경전을 배우며 인간이 되는 길을 배운다고 굳게 믿었습니다. 그냥 글공부가 아니었던 거예요. 그래서 자신의 자식들이 서양식 학교에 다니게 되었을 때 '사람답게 사는 것을 잊게 되지나 않을까' 가장 염려했습니다.

종교는 한 사람에게 가장 근본적이고 핵심이 되는 가치들을 제공합니다. 그래서 유교는 도덕 종교라고 말할 수도 있어요. 인간의 삶에서 가장 중요한 것을 도덕적 규범과 가치로 내면화하는 것으로 보기 때문이에요. 유교를 사회의 지배적 가치로 삼았던 조선 사회가 비록 여러 문제가 많은 사회이기도 했지만, 그래도 도덕적 가치를 존중하고 인성을 중시하였던 점은 본받을 만해요. 오늘날 우리 사회에 만연하고 있는 도덕적 가치와 윤리의식의 실종, 인간성의 붕괴와 타락의 모습을 보면 더욱 그렇지요. 적어도 인간이라면 이런 것들은 지키며 살아야 하지 않는가 하는 절실한 질문이 우리 마음속에서 불쑥불쑥 생겨나는 요즘 시대에는 유교의 정신을 더 알차게 배워야 할지 모릅니다.

최제우가 말하는
동학의 핵심

마지막으로 우리나라의 종교인 동학에 관해 살펴보겠습니다. 여러분은 동학을 농민들의 봉기 정도로만 알고 있을 수도 있겠습니다. 하지만 동학은 사회의 불평등과 외세의 침입, 지도층이 부정부패한 시대에 태어난 한 인간이 내적으로 종교적 깨달음을 얻고, 외적으로 자신의 깨달음을 전파하고, 그 뜻을 공유한 수많은 사람들이 마음과 뜻을 모아 종교적이고 사회적인 운동을 벌인 것입니다. 동학은 종교로 시작되었고 정치적 저항 활동이 실패로 끝난 이후에도 천도교라는 이름으로 종교 활동을 이어갔습니다.

동학을 창시한 최제우가 쓴 『동경대전』의 내용을 함께 들여다 볼까요?

'시'는 안으로는 한울님의 신령한 마음을 회복하고 밖으로는 한울님의 무궁한 기운과 융화일체를 이루고, 이 세상 사람들이 이러한 경지를 깨달아 그 마음을 변치 않으며, 이를 실천해나아가는 것을 말한다. '주'는 한울님을 높여 부르는 말로써, 우리가 우리를 낳고 또 키우신 부모님을 섬기듯이 한울님 섬김을 의미한다. '조화'는 무위이화, 곧 '함이 없이 저절로 되는 자연의 작용과 같은 한울님의 힘을 말한다. '정'은 한울님의 덕과 나의 덕이 합일이 되므로 내 안에서 회복한 한울님 마음을 지키고 실천하는 경지에 이르렀음을 말한다. '영세'는 사람의 일생이다. '불망'은 늘 한울님 생각하는 마음을 지니고 살아감을 말한다. '만사'는 수의 많음을 말한다. '지'는 한울님의 무궁한 도를 깨닫고, 깨달음을 통하여 한울님 가르침을 받는 것을 말한다. 그러므로 한울님의 덕을 밝히고 밝혀, 잠시도 한울님 사모하고 앙모하는 마음을 잃지 않고 염념불망하면 지극한 기에 지극히 화하여 지극한 성인의 경지에 이르게 된다. (최제우, 『동경대전』, 윤석산 옮김, 모시는사람들, 2014, 36~37쪽)

이 내용은 최제우가 자신의 책에서 '시천주, 조화정, 영세불망, 만사지'의 뜻을 스스로 묻고 대답한 내용입니다. 최제우는 거대한 파도처럼 밀려 들어오는 서양의 학문과 종교에 대해 우리가 전통적으로 배우고 익혀온 '성인이 되는 길과 공부'에 대해 열심히 탐구하면서 서학에 대비되는 학문으로 동학의 핵심 가르침을 책에 풀어내고 있습니다.

동학에서는 모든 사람이 자신의 마음속에 천주를 모신다고 말합니다. 이때의 천주는 서양 천주교에서 말하는 천주와 똑같은 것이 아닙니다. 최제우가 보기에 서양의 천주는 인간 바깥에서 절대적으로 군림하는 존재입니다. 하지만 동학의 천주는 인간 마음 내면에 존재하는 하나의 마음, 하나의 우리들의 마음, 천주의 마음이 곧 나의 마음과 다르지 않은 그런 한울의 마음, 한울님입니다. 각 사람의 마음에서 한울님을 지극히 모시면서 성인이 되는 공부를 통해 깨달음을 얻으면, 그 기운이 자신의 몸으로 나타나고 자신과 관계하는 일체의 모든 것으로도 드러난다고 말합니다. 동학에서 말하는 '무위이화(無爲而化)'는 겉으로 드러나지 않지만 항상 그 힘을 발휘하고 있는 천주(한울님)의 조화를 가리킵니다.

동학에서 특히 신기한 점은 우리를 본래 하나인 존재, 하나의 마음으로 공명하고 있는 존재로 본다는 것입니다. 우리 삶과 죽음의 모든 과정이 원자화된 낱낱의 것이 아니라는 거예요. 동학이 단지 신생 종교들의 하나로 그치지 않고 수많은 사람들에게 공감을 얻고 큰 사회운동으로까지 발전할 수 있었던 것은 바로 동학이 평등한 존재로 인간을 바라보았던 정신 때문입니다.

비록 동학의 정신과 사회운동은 왜세와 정부에 의해 좌절되고 종교로서도 사회운동으로서도 쇠퇴의 길을 겪게 되지만 오늘날에도 그 정신은 잊히지 않고 있습니다.

동양의 종교들은 모두
마음을 뿌리로 삼고 있다

동양의 종교들은 근본적으로 하나의 거대한 뿌리를 공유하고 있습니다. 그것이 무엇인지 이미 눈치를 챈 사람도 있겠지요? 하나의 거대한 뿌리는 바로 '마음'입니다. 동양의 종교에서는 종교적 진리가 우리 각 개인의 마음과 분리되어 존재하지 않는다고 봅니다. 그래서 동양의 종교는 모두 어떤 면에서는 심리학이자 철학이고 또 정치학이기도 합니다. 서양에서 심리학은 의학이나 과학의 관점에서 논의되지요. 눈으로 관찰할 수 있는 것들을 중심으로 증상들을 분류하고 그에 근거하여 처방을 내리거나 진단을 내리는 활동입니다. 겉으로 드러나거나 경험적으로 확인하지 못하는 마음의 영역이나 차원에 대해서는 종교적 신앙이나 믿음의 차원으로 돌리는 경향이 있습니다.

하지만 동양의 종교는 심리학이 아니라 심성학이고 영성학입니다. 그것은 우리 마음의 가장 깊은 경지를 스스로의 깨달음과 수행, 수양을 통해 알고 그와 하나가 되고자 하는 활동입니다. 동양에서 마음은 개인 각자의 마음이면서도 동시에 우주적인 마음, 하나의 마음이기에 신령한 마음이라고 부르기도 하고 한울님이라고 부르기도 하며, 하늘의 마음, 천심이라고 부르기도 하지요.

이 모두가 개인의 마음과 종교적 일자(一者)가 근본적으로 다른 마음이 아니라는 것을 말해주고 있어요. 그래서 "그게 바로 너이니라!"는 『우파니샤드』속의 아버지의 가르침이 우리에게 울림을 주는지도 모르겠습니다. 그러나 이 모든 깨달음의 과정은, 사이비 교주나 그를 맹신하는 신자들의 모습과는 정반대로, 하나하나 묻고 스스로 생각하는 과정이 있기에 가능했습니다. 무조건적으로 교화되는 것을 거부하는 모습과 삶이 없다면 불가능한 것이니까요.

6장

종교 안의 갈등, 종교 밖의 갈등
— 왜 계속되는 것일까?

아직도 끊이지 않고 계속되는
서양의 종교 전쟁들

종교인들끼리 서로 싸우고 죽이는 일은 어제 오늘의 일이 아닙니다. 같은 종교 내에서도 갈등이 일어나 갈라지고 서로 다른 종교 사이에서도 전쟁이 계속되고 있습니다. 종교와 정치 권력, 종교와 과학 사이에서도 갈등이 일어나고 있지요. 왜 거룩한 종교인들끼리 싸우는 것일까요? 이런 의문에 대해 어떤 사람은 이렇게 대답할지 모릅니다. 그건 일부 종교인들이 성숙하지 못해서 그런 것이다. 종교인들이 모두 자기 욕심을 부려서 그런 것이다. 자기 종교만 절대 진리이고 옳다고 고집하는 교만함 때문이라고요. 하지만 어떤 종교를 받아들이고 헌신하며 믿고자 하면서 신앙생활을 하는 사람이 자신이 믿는 종교가 여러 진리들 중의 하나일 뿐이라고 선뜻 동의할 수 있을까요? 그것은 단지 교만함의 문제나 인간적 미성숙과 욕심 때문만은 아닙니다.

서로를 해치기도 하는 끊임없는 종교 갈등을 보면서 현대인들은 점점 더 종교를 불신하게 되고 종교로부터 떠나고 있습니다. 종교인들은 점점 자기만의 방으로 들어가 폐쇄적이거나 비밀스럽고 방어적인 모습을 보이고 있고요. 이런 사회적 분위기는 종교인들에게도 이롭지 못할 뿐 아니라 종교를 믿지 않는 사람들에게도 바람직하지 못합니다. 종교를 믿거나 믿지 않거나 종교와 종교인을 대하는 태도에서조차 사려 깊은 모습을 보이지 않는다면 똑같은 사람들이 되는 셈입니다.

지금도 전 세계는 종교적 갈등으로 인한 전투가 계속되고 있어요. 유대교와 기독교 이스라엘 사람들은 이슬람교 팔레스타인 사람들이 사는 마을에 가공스런 폭격을 가하고 있습니다. 미국과 유럽의 선진국들로 구성된 국제회의에서는 전쟁을 임시적으로 중지하라고 말할 수는 있어도 전쟁 행위 자체를 못하게 막지는 않습니다. 미국이 대표적이지요. 왜일까요? 미국에는 이스라엘과 유대인들을 지지하고 지원하는 세력들이 강하기 때문입니다.

같은 기독교 내에서도 싸움은 계속되어왔어요. 가톨릭 구교와 개신교 신교는 오랫동안 전쟁을 하였습니다. 지금은 노골적으로 전투를 하는 시기가 끝났다고 생각하겠지만 아직도 영국과 북아일랜드 사이에서는 가톨릭 종교인들과 개신교 종교인들이 목숨을 걸고 싸우고 있습니다. 같은 기독교 계통인 그리스정교와 이슬람교 사이의 전쟁도 처절합니다. 국제 뉴스를 통해 전해 듣는 '코소보 사태'나 '보스니아 전투' 등의 이름들은 사실 종교와 관련된 전쟁들입니다. 그리스정교를 믿는 정치 권력자가 이슬람교를 믿는 사람들을 잔인하게 죽이는 일들이 많이 일어났습니다. 인도와 파키스탄 사이에서도 종교적 갈등이 계속되었어요. 힌두교 신자들이나 불교 신자들 그리고 이슬람교 신자들 사이에서도 엄청난 전쟁이 치러지고 있습니다.

동양에서도 종교 간의
대립과 희생이 많았다

종교인들은 종교적 신념의 차이 때문에 목숨을 잃는 일을 가리켜 '순교'라고 말합니다. 이 단어는 서양인들 사이의 종교 전쟁보다는 서양인들의 동양 상륙 작전(?)에서 더 많이 사용되었습니다. 서양인들이 그들의 과학기술과 함께 종교를 가지고 동양의 여러 나라들을 침입하였을 때 동양인들은 당연히 저항하였지요. 중국이나 일본, 한국에서는 모두 외래 종교가 겪은 수난의 역사가 있습니다. 중국은 유교를 제외하고는 불교나 기독교 모두 강하게 거부했습니다. 중국인들은 불교가 중국 내에서 인기를 얻지 못하도록 엄청난 노력을 기울였지만, 성공하지 못합니다. 중국인들은 불교를 받아들였고 불교와 유교가 공존하는 나라가 되었습니다.

일본은 조금 달랐어요. 일본은 그들만의 종교인 신도가 있었거든요. 그래서 불교를 받아들일 때에도 전략을 썼습니다. 서로 다투는 일이 없도록 상생하는 길을 찾아냈지요. 일본인들은 본래 그들의 전통 신앙이 수많은 신들을 섬기는 데에 익숙했기 때문에 불교와 신도를 각각 따로따로 잘 섬겼습니다. 하지만 이런 그들도 딱 한 가지 종교만은 결코 받아들이려 하지 않았습니다. 그것은 바로 서양의 기독교입니다. 일본인들은 일본인 자신의 종교에 서양 기독교를 포함시키지 않았습니다. 이것은 그들이 불교나 유교를 받아들인 것과는 대조적이지요. 일본인들에 의해 기독교인들은 수난을 당했습니다. 지금은 기독교가 승인되었지만 일본인 전체 인구의 약 1퍼센트도 되지 않습니다. 원자폭탄이 떨어졌던 도시 중의 한 곳인 나가사키를 방문해보면 기독교식으로 지어진 건물들과 선교사들의 활동 흔적을 발견할 수 있어요.

한국에서도 역사적으로 종교들 간의 대립과 투쟁이 있었습니다. 한국의 입장에서 볼 때에도 기독교뿐 아니라 불교나 유교 모두 외부에서 수입된 종교입니다. 인도에서 중국을 거쳐 한국에 소개된 불교는 다시 일본으로 전해지지요. 조선이 세워진 직후에 유교인들은 불교를 배척하고 불교가 더 이상 사회적 영향력을 행사하지 못하도록 법을 만들었습니다. 고려시대에는 불교가 막대한 영향력을 행사했기 때문이에요. 조선시대의 불교 사찰들이 시내 한복판에 있다가 산 속으로 옮겨가게 된 것도 이 때문이랍니다. 조선 후기에 서양의 기독교가 소개되었을 때에는 수많은 유학자들이 저항하고 비판했습니다. 그래서 순교자도 많이 생겼지요. 하지만 일본과는 달리 한국에는 기독교 신자들이 급속하게 증가했습니다. 또한 서양의 기독교에 반대하여 동학을 일으킨 사람들은 동학이라는 종교를 많이 믿으면서 이들 사이에서도 갈등이 생기게 됩니다.

그 이후에도 한국은 일제 식민지와 해방, 남과 북의 분단, 서양화의 물결 등을 겪으면서 종교들 사이에 갈등과 협력의 파란만장한 역사를 겪게 됩니다. 3.1운동에 참여한 수많은 종교인들 중 불교 신자와 천도교(동학) 신자, 기독교 신자들은 서로 협력하고 마음을 모아 독립투쟁을 벌였습니다. 하지만 이들 사이에서 더 발전하는 종교가 생겼고 잊히는 종교도 생겼습니다. 사람 사는 세상에는 언제나 이런 차이들이 발생하기 마련이지요.

　　해방이 되고 남과 북으로 갈라진 이후 남한은 미국의 영향권 속에서 기독교가 급속도로 발전하게 됩니다. 기독교는 미국을 중심으로 하는 서양의 문화와 함께 남한 사회에서 가장 인기 좋은 종교로 자리 잡게 되지요. 기독교에서는 부모가 기독교 신자이면 자식들도 기독교를 믿도록 교육시키는 일이 의무로 강력하게 요구됩니다. 여러분 부모 세대나 조부모 세대의 어른들은 자식들을 기독교 신자로 만들지 못하면 죄책감을 갖곤 했습니다. 부모로서 의무를 다하지 못한 것처럼 말이에요.

종교를 둘러싼
갈등의 원인은 복합적이다

　　　　　　바로 이러한 문화로부터 종교 간의 갈등뿐 아니라 종교 내에서도 갈등이 벌어지게 됩니다. 종교를 믿는다는 것은 매우 주체적인 결단과 심사숙고의 과정을 필요로 하는 것이지요. 하지만 한국뿐 아니라 세계 모든 나라에서도 종교는 문화와 예술, 가치관이나 인생관, 교육제도와 가족들의 생활습관 전반에 걸쳐 고유한 내용을 갖고 있습니다. 그렇기 때문에 종교적 신념에 따른 문화와 생활방식에서 서로 충돌할 수밖에 없는 요인들을 품고 있습니다.

서로 다른 종교인들끼리 결혼하거나 한 가족을 이루는 일은 쉽지 않습니다. 1970년대 미국 음악영화 〈지붕 위의 바이올린〉의 주인공 테베의 가족 이야기를 앞에서 했지요? 유대교에서는 전통적으로 아버지가 자식의 배우자를 결정해왔습니다. 그런데 테베의 세 딸은, 아버지의 결정과는 달리, 각각 주체적으로 배우자를 선택합니다. 그중에는 유대교인이 아닌 사람도 있었어요. 세 딸은 각각 자신의 원하는 배우자를 선택해서 아버지에게 소개를 시킵니다.

영화의 묘미는 아버지와 세 딸들의 대립을 '전통과 개혁'의 문제로 생각해보도록 한다는 데에 있습니다. 결국 아버지는 딸들의 선택을 사랑으로 받아들이게 되지요. 하지만 영화는 영화일 뿐입니다. 현실에서는 딸들의 선택이 아버지나 형제들에 의한 살인과 추방으로 이어질 수도 있고 가족 관계의 단절로 이어지는 경우도 더 많습니다.

종교들 사이의 갈등은 종교적 신념이나 가치가 종교 교리 속에만 머물러 있지 않고 삶의 모든 면에서 영향력을 행사하기 때문에 벌어집니다. 이슬람교의 신자들이 히잡을 쓰거나 돼지고기를 먹지 않는 것, 불교 신자들이 육식을 하지 않고 출가자들이 머리를 깎는 것, 기독교인들이 일요일에 교회 출석을 목숨처럼 지키려 하고 다른 종교 신자들을 대상으로 전도하기 위해 엄청난 노력을 기울이는 것 등은 그 종교 신자가 아닌 사람들의 입장에서 볼 때에는 기이하거나 거부감을 불러일으킬 수도 있습니다.

이러한 편견과 거부감의 희생양이 된 종교들 중의 하나가 각 나라마다 전통적으로 내려오던 민간신앙들입니다. 러시아에 있는 바이칼 호수는 세계의 민간 무속신앙인들의 성지로 유명한 곳이에요. 이곳으로 순례여행을 오는 사람들은 나무에 다채로운 색깔의 리본이나 천 등으로 그들의 무속 샤머니즘적 영성을 표현해 놓기도 합니다. 우리나라도 무속신앙이 상당히 발전했습니다. 하지만 해방 이후 지배적인 종교가 된 기독교인들에 의해 무속신앙이 미신으로 낙인찍히면서 무속인들이나 무속 굿 문화는 급속히 쇠퇴하게 됩니다. 무당에 의해 진행되는 여러 종류의 굿은 사람들의 뇌리 속에 매우 부정적인 것으로 각인이 되어갔습니다. 이런 문화적 낙인 행위들이야말로 세계 여러 나라에서 종교 간 갈등이 계속되고 있는 큰 원인 중 하나가 되고 있는 거죠.

다른 종교에 대한
무지와 몰이해가 가장 위험하다

다른 종교에 대한 무지야말로 가장 위험한 것입니다. 그것은 내가 어떤 종교를 믿고자 할 때에도 매우 안 좋은 영향을 미칩니다. 어떤 종교든 그 종교가 핵심적으로 존중하고 지키고자 하는 가치와 가르침이 있습니다. 또한 그 종교를 믿는 사람들의 삶과 역사를 통해 문화적으로 형성된 행위들이 있습니다. 어떤 행동들을 존중하는 것, 어떤 행동들을 금지하는 것 등이 그 종교 조직의 계율로 되는 거예요.

내가 잘 모르는 어떤 종교를 대할 때에는 그 종교를 먼저 바르게 이해하려는 태도와 노력이 가장 중요합니다. 그리고 그 종교를 믿는 사람들의 생활방식도 그 종교의 가르침에 비추어 이해할 수 있어야 합니다. 이러한 기초적 이해 없이 내가 믿는 종교나 내가 속한 종교 문화를 중심으로 다른 종교를 무조건 부정하거나 그에 대한 편견을 가지거나, 단편적 인식을 통해 선입견을 갖는 것은 종교 간의 갈등을 부추기는 큰 원인이 됩니다. 이런 태도는 종교를 믿는 사람이든 종교가 없는 사람이든 모두에게 꼭 필요한 기본 자질입니다.

내가 믿는 종교와 다르다고 해서 상대방 종교를 힘으로 제압하려는 것은 절대 안 됩니다. 하지만 불행하게도 역사상 수많은 종교인들은 무력으로 그들과 대립하는 종교와 종교인들을 없애려 했습니다. 이런 폭력들은 수많은 희생자들을 발생시킬 뿐, 상대 종교가 말살된 경우는 거의 없습니다. 종교는 말살시킬 수 없습니다. 이제 종교들은 서로 지혜롭게 공존을 모색해야 합니다. 공존하기 위해서 지혜가 필요합니다. 공존하는 길 역시 순탄하지 않기 때문입니다.

종교 간의 갈등과 종교 내에서의 갈등은 폭력이나 증오, 혐오에 의해 오히려 증폭됩니다. 갈등이 조금이라도 완화되도록 하기 위해서는 그 종교의 실상에 대해 바른 지식을 갖고 존중하는 것이 가장 먼저 필요합니다. 이런 말을 듣고 어떤 사람이 다음과 같이 질문할 수도 있습니다.

아니, 내가 믿지도 않고 따르고 싶지도 않는 저런 종교를 이해하기 위해 공부를 해야 한다고? 내가 종교학자도 아니고, 그런 사람이 되고 싶지도 않아! 저런 종교인들은 그냥 감옥에 보내거나 섬으로 추방시켜야 해! 거짓과 사이비 교리를 퍼뜨리는 나쁜 놈들의 어리석은 거짓말들을 왜 공부해야 하지? 우리 종교를 모욕하고 괴롭히기도 하는 저런 나쁜 종교를 왜 배우라고 하는 것이지?

서양에서는 기독교 내에서도 대립과 갈등이 심해져 정통과 이단 논쟁이 많아지고, 가톨릭이나 개신교뿐만 아니라 개신교 내에서도 이단으로 판정된 종교 집단들이 생겨났습니다. 그중 하나가 모르몬교인데요. 이들은 미국 기독교인들에 의해 이단 판정을 받았어요. 모르몬교 신자들은 초기 기독교 공동체의 모습대로 충실히 살아가는 것을 가장 중요하게 생각하는 종교생활 습관을 갖고 있어요. 하지만 현대의 미국인들은 모르몬교 신자들이 일부다처제를 따른다고 그들을 비난하고 기피합니다. 물론 현대의 모르몬교는 일부다처제를 금지하고 있지만, 이런 고정관념은 계속되고 있어요.

한 종교 내에서도
정통과 이단 논쟁이 계속된다

또 다른 사례를 들어볼까요? 서양 기독교는 성직자들을 통하지 않고 신과 직접 소통하는 것, 예수를 유일한 구원자이자 신과 인간의 중개자로 인정하지 않는 일부 기독교인들을 이단으로 판정했습니다. 이렇게 이단으로 몰린 성직자이자 학자 중 한 사람이 에크하르트인데요, 오늘날 에크하르트 설교집의 내용을 읽어보면 왜 이런 사람이 이단자로 몰렸어야 하는지 의문이 생깁니다.

한국 내에서도 사이비 종교들과 이단 종교 집단의 문제가 자주 뉴스거리가 됩니다. 그런데 종교에서 이단이나 사이비 여부를 가릴 수 있는 강력한 기준이 있습니다. 그것은 그들 종교인이 삶에서 드러내는 윤리적 모습입니다. 모든 종교는 가르침의 구체적 내용은 달라도 윤리적 덕목과 가치에 관해서는 신기하게도 공통적이기 때문입니다. 어떤 종교가 이단이나 사이비 집단인가 아닌가를 판단하기 위해서는 그들 종교인들의 삶 속에서 관찰되는 윤리적 모습을 먼저 꿰뚫어보기 바랍니다. 제대로 된 종교라면 반드시 높은 수준의 윤리적 삶을 강조하고 있을 것입니다. 윤리적 삶을 사소하게 취급하는 종교일수록 문제가 많은 가짜 종교일 가능성이 많습니다.

종교 간의 갈등을 완화시키고 함께 평화롭게 공존하기 위해서는 각 종교가 바른 지식과 이해 그리고 윤리적 가치를 갖추어야 합니다. 물론, 앞으로도 상당 기간 동안 이 세상에서 종교적 갈등과 전쟁이 없어지지는 않겠지만, 최소한 우리가 종교적 대립이나 갈등을 바라보고 지혜롭게 다루는 능력을 조금씩 키워갈 수는 있지요. 그리고 그것은 바른 지식과 이해, 상호존중에 기초한 윤리적 태도를 통해서만 시작될 수 있습니다.

종교적 갈등을 이용해
이익을 얻는 사람들도 있다

그런데 현실적으로 이런 종교적 갈등을 이용하는 사람들도 있습니다. 이들이 정치인일 수도 있고 특정 종교의 지도자층일 수도 있습니다. 종교적 갈등을 이용해서 이익을 얻고 있는 경제인들일 수도 있지요. 마치 가난한 사람들의 불행이나 파산 그리고 혹독한 노동조건을 이용해서 돈을 벌거나 이익을 얻고 유리한 지위를 획득하는 사람들이 있는 것과 마찬가지입니다. 이 세계에서 종교적 갈등이 계속되고 있는 또 하나의 강력한 이유가 바로 여기에 있습니다. 이들은 바른 이해와 지식, 상호 존중과 윤리적 가치들보다 이기적인 이익관계 속에서 움직이는 사람들이에요. 이들에게 중요한 것은 돈이나 권력, 지위와 같이 자신에게 이익을 주는 것들입니다.

종교적 전쟁들이나 대립, 갈등에 의해 수많은 희생자들과 피해자들이 계속 발생하는 이유는 바로 이런 사람들에 의해 의사결정이 이뤄지기 때문이에요. 이들은 종교 간의 대립과 갈등을 부추기거나 상대방에 대한 악의적인 정보를 노출시켜 싸움이 계속되고 혐오와 증오 그리고 분노가 계속되도록 교묘하게 관리합니다. 종교에 대한 바른 이해와 지식 그리고 상대방에 대한 윤리적 태도

못지않게 이러한 사람들의 계획과 의도를 막거나 폭로하는 일도 매우 중요한 실천이 됩니다. 그래서 모든 종교적 갈등을 줄이는 실천은 또 다른 정치적-시민적 실천과 연결될 수밖에 없는 것입니다.

갈등을 일으키는 것도 사람이며, 갈등을 멈추게 할 수 있는 힘을 가진 것도 사람입니다. 종교 갈등에 얽혀 있는 또 다른 정치적-경제적 대립들을 잘 꿰뚫어보면서, 종교적 갈등으로 희생당하는 사람들이 줄어들 수 있도록 노력해야 합니다. 그것은 바른 목소리를 내는 것부터 시작됩니다. 바른 이해를 가지고 자신의 의견을 계속 표현해야 하는 거예요. 그래야 사람들이 내는 목소리, 사람들이 주장하는 의견이 바른 이해와 윤리적 정신을 지키며 함께 공존하는 방향을 담고 있는 것인지 아니면 배타적인 혐오를 부추기는 방향을 보이는지 알 수 있는 거예요.

2부. 서양의 종교, 동양의 종교

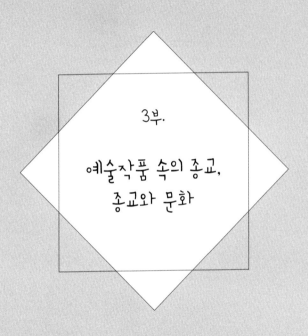

3부.

예술작품 속의 종교,
종교와 문화

7장

예술작품이
종교적 위선과 편견을 다루는 법
―〈타르튀프〉와
〈지저스 크라이스트 슈퍼스타〉를 중심으로

관객들을 불편하게 했던
몰리에르의 희극

역사상 수많은 예술작품들 속에는 많은 종교인들이 등장하여 다채로운 모습을 보여줍니다. 우리에게 잘 알려져 있는 『레미제라블』속에 나오는 가톨릭 신부의 모습이 대표적이죠. 이 신부는 장발장에게 호의와 친절을 베풀지만 장발장은 그를 배신합니다. 하지만 화려한 은식기를 감춰 달아났다가 잡혀온 그를 신부는 또다시 감싸줍니다. 뮤지컬과 영화로도 만들어져 유명한 이 작품은 종교인이 갖고 있는 인간애의 극치를 보여주는 만큼 감동을 자아내지요. 하지만 소설 『데카메론』에 등장하는 가톨릭 신부나 수녀들은 중세 말 종교적 타락의 모습을 적나라하게 보여주는 대표적 사례로 등장합니다. 예술작품 속의 종교인들의 모습은 극과 극의 양면적 모습을 모두 갖고 있다고 할 수 있습니다.

이번 시간에는 사람들에게 논란과 충격을 준 두 가지 예술작품을 선택하여 이 작품들 속에서 종교적 위선의 모습이 어떻게 다뤄지고 있는가를 집중적으로 살펴보도록 하지요. 두 예술작품은 17세기 프랑스 작가 몰리에르가 쓴 〈타르튀프〉와 20세기 영국의 20대 청년 예술가들이었던 앤드류 로이드 웨버와 팀 라이스의 〈지저스 크라이스트 슈퍼스타〉입니다. 이 작품들은 모두 발표 당시 일부 기독교인들의 마음을 불편하게 만들었고 한때 상연이 금지되기도 하였고 공연을 중단하라는 시위를 벌이는 소동까지 벌어졌던 작품들이었습니다. 하지만 시간이 지난 오늘날 이 두 작품은 모두 걸작 중의 걸작으로 손꼽히며 많은 사람들에게 종교적 위선 그리고 참된 종교인은 어떤 사람인가를 생각해보게 하는 훌륭한 고전 작품이 되었습니다.

과연 이들은 자신의 작품들 속에서 종교적 위선과 편견을 어떻게 다루고 있을까요? 그들은 이 문제들을 어떤 솜씨를 발휘하여 사람들에게 알리고 있을까요? 우선 몰리에르의 작품 〈타르튀프〉 속으로 먼저 들어가보도록 하죠. 몰리에르가 쓴 〈타르튀프〉의 주인공 오르공 귀족은 사이비 종교인(타르튀프)에게 홀려 재산도 모두 넘기고, 자신의 딸과도 결혼을 강행하려는 무모한 행동을 벌입니다. 하지만 이를 제지하려는 가족과 갈등을 일으키죠. 결국 사이비 종교인의 정체가 밝혀지고 결말은 해피엔딩이 됩니다. 〈타르튀프〉는 이 과정에서 빚어지는 소동을 유쾌하게 묘사한 희극 작품입니다. 마치 우리나라 탈춤 공연에서 양반들의 어리석음이 서민이나 종들에 의해 폭로되듯 〈타르튀프〉에서 귀족은 종교적 열정과 헌신에 눈이 멀어 사리분별력을 잃고 맹신 속으로 빠져드는 어리석음을 보여줍니다. 몰리에르는 이 과정을 재치 있게 다루고 있어요. 작품 속에서 귀족(오르공)과 친척(클레앙트)이 종교에 관해 논쟁하는 내용에 잠시 귀 기울여볼까요?

오르공 : 처남의 말에서 무신앙의 냄새가 나는군요. 영혼이 약간 좀먹을 것 같습니다. 제가 열 번도 더 말했지만, 그러다 뭔가 좋지 않은 일을 초래하게 될 것입니다.

클레앙트 : 그건 자네 패거리들이 늘 하는 얘기야. 그자들은 모두가 저네들처럼 눈이 멀기를 바라지. 바른 눈을 가지고 있으면 신앙이 없는 것이고, 거짓된 태도를 찬양하지 않으면 신성한 것에 대한 믿음도 존경도 없다는 것인가? …… 거짓된 용기를 내보이는 자들이 있는 것처럼 거짓 신자도 있는 법이지. 명예를 위해 행동하는 참된 용기는 떠들지 않듯이, 우리가 본받아야 할 참된 신자는 그렇게 인상

을 써대는 자들이 아니라네. 그래 매부는 위선과 신앙도 구별할 줄 모르는가? 어떻게 그 둘을 같은 말로 표현하고, 얼굴과 가면에 똑같이 경의를 표하며, 겉모양과 진실을 혼동하고, 유령을 사람과 똑같이 평가하며, 가짜 돈을 진짜 돈과 같이 취급하려든단 말인가? ……겉에 억지 신앙을 처바른 사기꾼들, 눈길을 끌려는 신자들보다 가증스러운 것도 없지. 그들은 거짓 인상을 쓰고 신을 모독하며, 인간이 가지고 있는 가장 신성하고 성스러운 것을 악용하고, 저들 마음대로 가지고 놀거든. 그자들은 이해타산을 밝히는 음험한 영혼으로 신앙을 장사와 상품으로 생각하고, 거짓된 눈짓과 꾸민 믿음으로 신용과 위엄을 사려고 들지, 그런 자들은 남 다른 열성을 보이며, 하늘의 길을 이용해 저네들 재산을 만들고 있다네. 그들은 열광하며 기도를 바치고, 매일같이 뭔가를 구하고, 속세의 집착을 버리라고 설교하며, 자신들의 악덕에다 열렬한 신앙을 꿰맞추지. (몰리에르, 『타르튀프·서민귀족』, 극예술연구회 옮김, 동문선, 2000, 30~32쪽)

몰리에르는 클레앙트의 입을 통해 당시 프랑스 사회 귀족들이 사이비 종교인들에 홀리고 있고, 거짓 신자들과 위선적인 성직자들을 제대로 분별해야 한다는 것을 강하게 호소하고 있습니다. 클레앙트는 바른 신자들이 어떻게 다른지 계속 말하고 있습니다.

하지만 진정한 신자들을 알아보기란 그다지 어렵지 않지. 이 시대에도 영광스런 모범이 될 만한 사람들은 눈에 띄게 마련이야. …… 그들은 덕을 허풍스레 과장하지도 않고, 그 끔찍한 허영을 부리지도 않아. 그들의 신앙은 인간적이며 까다롭지 않지. 그리고 우리의 행동을 일일이 간섭하지도 않는다네. 그렇게 남을 뜯어고치려드는 걸 지나친 교만이라 생각하는 거지. …… 그들은 온 정성을 다해 올바르게 살려고 애를 쓰는 게 보여. 죄지은 자를 물고 늘어지는 법도 없다네. 다만 죄를 미워할 뿐이지. 신이 바라는 것 이상으로 하늘의 이득을 위해 지나치게 열성을 보이려들지도 않는다네. (몰리에르, 『타르튀프·서민귀족』, 극예술연구회 옮김, 동문선, 2000, 32~33쪽)

〈타르튀프〉는 결말이 해피엔드입니다. 결국 사이비 종교인 타르튀프의 음흉한 속셈과 탐욕이 만천하에 드러나고 맹목적 종교적 열정에 중독되어 위험하고 어리석은 결정을 해 패가망신의 위기에 처했던 귀족 오르공은 마침내 왕의 명령에 의해 완벽하게 보호됩니다. 왕명을 전하는 집행관은 다음과 같이 말하지요.

폐하께서는 이 자보다 한층 교묘한 함정을 마련해 대처하셨지요. 그 명석한 통찰력으로 이 자의 마음속 온갖 비열한 생각들을 꿰뚫어보셨던 거지요. 이 자는 당신을 고발하러 와서 스스로 자신의 정체를 드러내고 만 셈입니다. 공평무사한 하늘의 심판에 의해, 이 자가 다른 이름으로 알려진 악명 높은 사기꾼임이 폐하 앞에 드러났습니다. (몰리에르, 『타르튀프·서민귀족』, 극예술연구회 옮김, 동문선, 2000, 101쪽)

몰리에르가
진짜 하고 싶었던 말

그런데 말입니다. 이렇게 다행스럽게 끝난 희극 작품을, 즉 유쾌한 방식으로 종교적 위선을 폭로하고 한바탕 함께 웃자고 만들어진 작품 〈타르튀프〉를 당시 프랑스 귀족들은 매우 불쾌해했습니다. 왜일까요? 그들 귀족들의 어리석은 모습을 다뤘다는 점 때문입니다. 그들은 권력을 행사해서 이 작품을 상연 금지시켰습니다. 지금은 말도 안 되는 것 같지만, 그들 귀족들은 현실에서도 어리석은 행동을 일삼았던 것입니다. 몰리에르는 자신의 작품이 상연 금지 조치를 당하자 직접 자신의 작품을 변호하는 글을 썼습니다. 상연 금지는 결국 풀렸지만 몰리에르는 이 과정에서 일부 귀족들이 보여준 종교적 위선을 생생하게 폭로합니다. 이번에는 몰리에르가 직접 한 말을 들어볼까요?

내 희극을 선의를 가지고 검토해본다면, 내 의도들이 순수하며 숭배받아야 마땅한 것을 우롱하려는 것이 조금도 아님을 분명히 알게 될 것이다. …… 위선자와 진짜 신자를 구분 짓기 위해 내가 할 수 있는 모든 기술과 정성을 기울였음을 또한 알게 될 것이다. …… 고대인들에게 희극은 그 기원을 종교에 두고 있었으며, 신비스런 종교 의식의 일부였음을 그들에게 보여주는 건 어렵지 않을 것이다. …… 만약 희극의 역할이 인간들의 악덕을 교화하는 데에 있다면, 어떤 이유로 그에 대해 특권을 누리는 자들이 있어야 하는지 모르겠다. 이러한 사실은 다른 무엇보다도 국가에 한층 위험한 결과를 초래하는 것이다. 우리는 연극이 교화를 위한 큰 장점을 지니고 있음을 보았다. 진지한 도덕적 표현들은 대개 풍자적 표현들보다 그 효과가 덜하다. 대부분의 사람들을 꾸짖는 데에는 그들의 잘못을 '묘사하는 것'보다 더 나은 방법은 없다. (몰리에르, 『타르튀프·서민귀족』, 극예술연구회 옮김, 동문선, 2000, 10~12쪽)

몰리에르는 진정한 예술가입니다. 그는 자신의 작품을 통하여 종교적 위선자와 진짜 신자를 분별하는 지혜를 보여주면서 관객들이 유쾌하게 스스로를 되돌아보기를 바랐습니다. 주인공 사기꾼의 입에서 거룩한 신앙의 말들이 현란하게 나오지만 결국 그런 것들은 자신의 사리사욕을 위한 수단, 환심을 사기 위한 것임을 폭로하면서, 우리 인간들의 약한 정을 스스로 반성하도록 합니다. 몰리에르는 이런 과정이 종교적 설교보다 훨씬 효과적이라고 생각했습니다. 그는 예술가로서의 진정한 역할을 잘 알고 있었던 거예요. 고대 희랍에서 연극 공연은 단순한 오락거리가 아니라 종교적 의식의 일환이었습니다. 연극은 또 다른 방식의 종교 교육이었던 것입니다. 그 모든 것이 우리 인간의 안목과 통찰을 높이고 거짓과 사이비로부터 자신을 지켜 바른 종교적 열정, 바른 종교적 행위를 하도록 도와줍니다.

〈지저스 크라이스트 슈퍼스타〉의
공연을 금지시켜라

20세기의 영국 청년 예술가들인 웨버와 라이스는 사립학교에서 연례적으로 치러지는 종교극을 보다 참신한 방식으로 제작하고 싶어했습니다. 그들은 『성경』의 인물인 요셉 이야기를 매우 역동적인 현대적 인물로 재탄생시켰지요. 그것이 〈요셉 어메이징 테크니컬 드림코트〉라는 뮤지컬입니다. 이 뮤지컬의 주제가는 엘비스 프레슬리를 비롯해서 수많은 가수들에 의해 계속 리바이벌되어 불리고 있습니다. 이들은 종교적 인물들이 등장하는 작품을 그들 스스로 매우 독창적으로 재탄생시킵니다.

그중 가장 논란이 되었던 작품이 바로 록뮤지컬 〈지저스 크라이스트 슈퍼스타〉입니다.

〈지저스 크라이스트 슈퍼스타〉라는 제목이 말해주듯이 예수는 슈퍼스타입니다. 어떤 점에서 슈퍼스타일까요? 『성경』이야기에서 예수는 부활했기 때문에 인간의 아들이면서도 동시에 신의 아들입니다. 기독교에서 예수는 신이자 곧 인간인 것이지요. 하지만 뮤지컬 속의 예수 이야기는 부활이 중심이 아닙니다. 그는 무엇보다 역사적 인간입니다. 인간이라고 해도 다른 인간입니다. 전적으로 다른 인간인 예수이기에 그들은 예수를 슈퍼스타라고 불렀습니다. 이 점부터가 경건한 미국 기독교인들에게 불편함을 주었습니다. 〈지저스 크라이스트 슈퍼스타〉의 공연을 금지해달라는 시위에 참여한 사람들은 지위가 높은 권력자들이나 성직자들이 아니라 평범한 중산층 부인들이었습니다. 그들은 자신들이 경건하게 믿고 있는 신앙이 모욕당하고 있다고 생각했습니다.

팀 라이스는 예수의 기도문을 이렇게 바꾸었다

하지만 과연 이 작품이 기독교 신앙을 모욕하

는 신성모독 작품일까요? 결코 그렇다고 볼 수 없습니다. 오히려 이 작품 속에는, 종교적 질문들과 문제 제기들이 발랄하고 유쾌하게 쏟아지고 있습니다. 가룟 유다는 가난한 사람들의 삶과 처지를 대변하여 사회를 변화시키려는 혁명가로 등장합니다. 그는 끊임없이 예수의 말이나 행동에 대해 사회혁명가의 입장에서 문제를 제기하고 질문합니다. 그와 예수의 갈등이 매우 현실감 있게 드러나고 있지요. 막달라 마리아와 예수의 관계도 매우 인간적으로 그려지고 있습니다. 일종의 역사적 상상력이 들어가 있는 거죠. 웨버와 라이스는 자신의 예술작품 속에서 이러한 역사적 상상력을 자유롭게 표현하고 있는 것이에요.

우리는 이 작품이 과연 신성을 모독한 것인가 아닌가, 또는 성경적 진실을 충실히 반영했는가 아닌가 하는 질문에 집중할 필요가 없습니다. 이들이 질문하려고 했던 것을 이해하고 받아들이면서 종교의 의미를 곰곰이 되짚어보면 됩니다. 종교에서 말하는 '삶의 변화와 인간의 변화'는 과연 사회제도의 변화와 무관한 것일까요? 인간과 신은 어떤 관계일까요? 유대인들은 한때 예수를 환영했으면서도 왜 그를 증오했을까요? 종교적 사랑은 인간적 사랑과 동떨어져 있는 것일까요? 인간적 배신은 왜 생기는 것일까요? 종교적 문제를 로큰롤 음악이라는 형식에 담으면 왜 안 되는 것일까요? 종교적 경건은 특정한 행동이나 문화에 고정된 것일까요?

〈지저스 크라이스트 슈퍼스타〉는 이런 질문들을 생각해보게 합니다. 예수를 팝의 스타같이 취급했다고 비난하기 이전에 이들이 이런 표현방식을 통해 깨려고 했던 금기는 무엇이었을까 생각해볼 필요가 있는 거죠. 이 작품이 만들어졌던 1970년대는 획일화되고 권위주의적인 문화에 반기를 제기하는 청년들이 많았습니다. 우리나라도 1970년대는 사회적으로 매우 훌륭한 인물들과 지도자들이 쏟아져나오던 때였지만 전반적으로는 군사정권이라는 매우 권위적이고 독재적인 문화 속에 놓여 있었습니다.

그러던 차에 웨버나 라이스 같은 젊은이들의 예술작품이 탄생한 것입니다. 매우 신선한 예술적 시도가 아닐 수 없었습니다. 이 작품에 열광한 사람들은 단지 미국이나 영국의 젊은이들, 히피들만이 아니었습니다. 우리나라에서도 종교 교육에 헌신하고자 한 젊은이들, 종교적 위선을 폭로하고 진짜 신앙인으로 살아가고자 하는 수많은 사람들에게 많은 영향을 주었습니다. 특히 〈지저스 크라이스트 슈퍼스타〉에서 예수가 홀로 기도하는 겟세마네 장면은 조용한 묵상이 아니라 인간적 절규에 가깝습니다. 예수의 절규의 말을 함께 들어볼까요?

말이라도 해보고 싶습니다. 그럴 수만 있다면 이 독배를 내게서 치워주십시오. 독을 맛보고 싶지 않습니다. 날 불태울 거예요. 저는 변했습니다. 처음처럼 확신이 서지를 않아요. 그때는 영감을 받았었죠. 이제 저는 슬프고 지쳤어요. 들어보세요. 저는 목표를 확실히 초과했어요. 3년 동안 노력해왔다고요. 마치 30년처럼 느껴져요. 다른 사람에게는 그렇게 많이 요구하지 못하시겠죠. 하지만 내가 죽으면, 나의 모험담을 다 보고 제게 요구했던 걸 해보시죠. 그들이 나를 증오하게 해요. 날 때리고 날 아프게 하고요. 그들의 나무에 나를 못 박게 하세요. 알고 싶습니다. 나의 하느님. 알고 싶습니다. 나의 하느님. 눈으로 보고 싶습니다. 나의 하느님. 왜 내가 죽어야 합니까? 지금까지보다도 더 주목받기라도 합니까? 나의 인생이 더 중요해지기라도 합니까? 알아야만 합니다. 나의 하느님. 봐야겠어요. 나의 하느님. 죽음의 대가는 무엇입니까? 죽음의 대가는 무엇입니까? 알아야만 합니다. 나의 하느님. 알아야만 합니다. 나의 하느님. 왜죠? 왜 내가 죽어야만 합니까? 왜 내가 죽어야만 합니까? 당장 보여주십시오. 제가 헛되이 죽지 않는다는 걸요.

예수의 절규하는 이 말들은 『성경』에는 나와 있지 않은 말들이에요. 작사가 팀 라이스가 예술적 상상력으로 지어낸 글입니다. 하지만 이 말들이 예수에게 전혀 어울리지 않고, 신성모독적인 것으로만 여겨지지는 않을 것입니다. 그 이유는 무엇일까요? 작사자 팀 라이스는 기독교인이라면 누구나 한 번쯤 마음속에 품었을 법한 생각들을 예수의 입을 통해 말하고 있기 때문입니다.

왜 선행을 하는 사람이 불행하게 죽음을 맞이해야 하는가? 종교가 말하려는 우리의 삶과 죽음은 무엇인가? 왜 우리는 종교라는 이름하에 서로를 증오하고 서로를 헐뜯으며, 심지어 죽이기까지 할까? 종교적 명분으로 저질러지는 수많은 악행들을 어떻게 봐야 할까?

작사자 팀 라이스는 예수의 입을 통해 '알아야겠다'고 계속 반복하죠. '알고자 하는' 마음이 없는 종교 신앙이나 신자의 삶은 문제를 낳기 때문입니다. 계속 팀 라이스의 글을 읽어볼까요?

어디에나 있는 당신의 지성을 조금이나마 보여주세요. 나의 죽음을 원하는 이유를 보여주세요. 어디에서, 어떻게만 신경 쓰시고 왜인지는 아니군요. 좋습니다. 제가 죽겠습니다. 저 죽는 꼴이나 보세요. 어떻게 죽는지요. 제가 어떻게 죽는지 보세요. 저 죽는 꼴이나 지켜보세요! 그때는 영감을 받았었죠. 이제 나는 슬프고 지쳤습니다. 결국에는요. 3년을 노력했습니다. 마치 90년처럼 느껴져요. 내가 시작한 걸 내가 끝내는 게 뭐가 두렵냐고요? 당신께서 시작한 겁니다. 제가 아니라고요. 하느님. 당신의 의지는 알기 어렵습니다. 모든 카드를 당신께서 쥐고 계시니 당신의 독배는 제가 마시죠. 그리고 날 산산조각 내세요. 날 피 흘리게 하고, 때리고 죽여주십시오. 당장 날 데려가세요. 내 맘이 변하기 전에!

기독교에서는 인간의 이성적 지식이나 앎으로는 닿지 못하는 곳에 종교적 진리나 계시의 영역이 존재한다고 말하기 때문에 순종을 강조합니다. 그런데 이러한 경향이 지나쳐서 꼭 필요한 종교적 담론조차도 교회에서는 이뤄지지 않고 있어요. 머리로 따지고 알려고 하지 말고 그저 믿음으로 따르라는 식의 분위기가 커지면, 결국 종교적 위선과 종교적 가짜를 낳게 되고, 사이비 종교 집단의 문제에도 침묵하게 됩니다.

팀 라이스의 글에는 젊은이다운 열정이 들어 있지요. 그는 예수를 문제를 제기하는 존재, 알고자 하는 존재, 고통과 괴로움, 의심과 의문에 대해서 정직한 존재로 그려내고 있잖아요. 그것이 바로 〈지저스 크라이스트 슈퍼스타〉의 핵심 정신입니다.

몰리에르가 〈타르튀프〉를 통해 종교적 위선자와 진짜 신자를 분별하는 통찰력을 강조했다면, 웨버와 라이스는 〈지저스 크라이스트 슈퍼스타〉를 통해 '무지가 곧 믿음'이라는 일부 종교적 관행에 문제를 제기하고 바른 문제 제기, 바른 앎의 중요성을 강조하고 있다고 할 수 있습니다.

8장

종교와 축제 문화
― 크리스마스와 연등회

어린 시절의
크리스마스 풍경

서양의 대표적인 종교인 기독교와 동양의 대표적인 종교인 불교에서는 각각 그 종교의 창시자인 예수와 석가가 태어난 날을 기념하고 축하하는 축제 문화를 가지고 있습니다. 크리스마스와 연등회입니다. 크리스마스는 12월 말 눈이 오는 겨울의 축제이고 연등회는 5월 말 꽃이 만발하는 봄의 축제입니다. 기독교인이든 아니든, 불교인이든 아니든, 심지어 종교인이든 아니든 상관없이 크리스마스와 연등회는 누구나 자유롭게 참여하고 여러 가지 상징적 행위들을 따라하며 축하하고 즐깁니다. 특히 연등회는 한국 불교의 고유한 축제이기도 하지요. 이 두 축제를 조금 가까이 다가가 살펴보면, 이 축제들 속에서 인류의 종교 문화의 여러 비밀들을 알 수 있게 된답니다. 자, 시작해볼까요?

크리스마스를 생각하면 나는 어린 시절이 떠오르네요. 기독교를 믿는 가정이었던 우리 집은 크리스마스에 커다란 전나무 크리스마스 트리를 장식했습니다. 크리스마스이브 밤이 되면, 어머니는 신문지로 포장한 꾸러미에 달콤한 사탕과 과자들을 머리맡에 놓아두셨지요. 크리스마스 아침에 우리는 그 꾸러미를 열어보고 일제히 환호성을 지르며 기뻐했습니다. 그때, 창가로 보이던 크리스마스 트리 불빛의 영롱한 아름다움은 평생 동안 잊히지 않는 한 장면으로 생생하게 남아 있어요. 수십 년이 흐른 지금에도 당시 우리 집의 행복과 평화를 느끼게 해줍니다.

지금 내가 추억하고 있는 시기는 1970년대 초반입니다. 그때 교회에 다니던 학생들은 대부분 교회에서 올나이트 행사를 진행했습니다. 올나이트(All Night)는 밤새워 다음 날 새벽에 동네를 다니며 들려줄 성가와 교회학교에서 발표할 연극 연습을 하면서 서로간의 우애를 다지는 밤샘 행사입니다. 50년이 지난 지금은 더 이상 동네를 돌아다니며 성가를 부르는 행위는 없어졌습니다. 크리스마스 트리에 대한 신비감도 예전과는 달라져서 요즈음에는 럭셔리한 호텔이나 카페의 인테리어 역할이 더 커진 느낌입니다.

3부. 예술작품 속의 종교, 종교와 문화

나는 기독교 집안에서 자라고 기독교 문화에 익숙했지만, 대학원에서는 동양의 종교에 관해서도 오랫동안 공부했습니다. 기독교와 가장 먼 거리에 있다고 간주되는 불교도 오랫동안 배웠답니다. 불교와 유교를 사상적으로 비교하는 논문을 쓰기도 했어요. 이제야 나는 기독교와 불교를 모두 어느 정도는 이해하게 된 것이지요. 그래서 불교를 알기 전에는 전혀 관심이 없었던 우리나라의 전통 축제인 연등회를 새롭게 이해하게 되었고요. 해마다 5월의 아름다운 어느 날, 부처님 오신 날을 기념하는 연등회 축제가 열립니다. 연등회는 유네스코 무형문화유산에 등재될 만큼 그 문화적 가치가 대단한 축제입니다. 이제 크리스마스와 연등회 속에 담겨 있는 동서양의 문화적 행위들을 하나씩 알아볼까요?

서양에서 크리스마스를 축하하는 방법

서양인들은 추수감사절이 끝나는 12월 초부터 크리스마스 준비를 시작합니다. 크리스마스 정신(Christmas Spirit)을 준비하기 시작하는 것이죠. 옛날이나 지금이나, 동양이나 서양이나, 축제와 문화를 일구어가는 사람들 중에 가정주부가 핵심적 역할을 맡지 않는 경우가 없었습니다. 서양의 가정주부들, 어머니들은 크리스마스를 음식과 집안 장식, 음악, 가족과 이웃 간의 사랑, 즐거움과 흥겨움 등으로 창조해내기 위해 하나씩 준비하기 시작해요. 그들의 노동이야말로 크리스마스 문화의 핵심이었던 것이지요. 물론 오늘날 이 모든 것들은 상품화되었습니다. 우리는 이제 서양의 크리스마스 문화를 백화점이나 호텔, 유명 관광지나 식당에서 즐기고 있지요. 크리스마스라는 용어 자체도 휴일이라는 의미의 홀리데이(Holiday)로 바뀌었습니다.

하지만 서양에서 크리스마스는 아직도 '가족 문화'가 중심을 차지하고 있답니다. 크리스마스에는 가족에게 돌아가서, 가족과 함께 요리된 음식을 먹고, 거실에 장식된 크리스마스 트리 주위에 모여 게임을 하며 즐기고, 몇 주일 이상 기다렸던 선물들을 열어보면서 가족의 관심과 애정을 새삼 느끼며, 함께 지내고 대화하면서 그동안 나누지 못하거나 표현하지 못했던 여러 감정들을 풀어냅니다. 그래서 유독 서양의 크리스마스 관련 영화에는 '가족의 사랑'에 관한 주제가 많은 거예요. 서양인들은 수천 년 동안 기독교 문화 속에서 살아오고 있기 때문에 기독교의 핵심을 '사랑'에 두고 있는 것이지요. 하지만 수십 년에 걸친 종교인들 간의 적대적 전쟁 행위, 동양에 대한 서양인들의 침략 행위가 또 이 기독교를 앞세워 진행되었어요. 종교는 사랑을 표방하는데 종교인들은 항상 사랑이 넘치는 생활을 실천하지 못하잖아요. 그래서 크리스마스 시즌만이라도, 또 모든 사람들에게는 못하지만 적어도 가족들 사이에서만이라도 사랑을 실천하려는 문화적 노력을 엿볼 수 있어요.

한국에서 연등회를
축하하는 방법

　　　　　우리나라 불교의 대표적 축제인 연등회는 좀 다릅니다. 가족 간의 관계 범위를 넘어서서 하나의 큰 공동체를 염두에 두고 있어요. 연등회는 수많은 불교인들이 제각각 만든 하나의 연등을 들고 행진을 하는 축제 행사입니다. 한 사람이 하나의 연등을 들었을 때에는 하나에 불과하지만, 수많은 사람들이 연등을 들고 모인 기다란 행렬을 보면, 매우 아름답고 경건하게 느껴지죠. 연등회는 우리나라 사람들뿐 아니라 서양인들도 매우 좋아하는 축제입니다. 마치 수많은 동양인들이 서양의 크리스마스 축제를 좋아하는 것과도 같습니다.

연등회는 수많은 불교의 사찰에 소속된 신자들이 연등을 제작하고 행진에 참가하면서 만들어진 행사입니다. 물론 문화재 차원에서 국가가 행사 진행을 위한 일정의 재정적 지원을 하고 있는

데요. 이를 두고 다른 종교인들은 '불교에 대한 특혜'라고 비판하기도 합니다. 하지만 이러한 비판은 핵심을 벗어난 것입니다. 연등회는 종교를 홍보하거나 광고하는 행사가 아니기 때문이지요.

종교에서 축제는
단순한 놀이 이상이다

하나의 종교적 행사를 넘어 인류에게 어떤 종교적 가치를 전해주는 것, 크리스마스나 연등회가 이제 그러한 역할을 하게 되었다고 볼 수 있습니다. 그렇다면 이들 축제에서 우리는 어떤 종교적 가치들을 생각해볼 수 있을까요? 먼저 불빛을 생각해봅시다. 크리스마스 트리에 장식되어 있는 불빛이나 캔들 그리고 연등회에서 만들어지는 연꽃 모양의 등불을 상상해보세요. 불빛은 그 자체로 하나의 종교적 의미를 가집니다. 작은 불빛 하나가 큰 불을 일으킬 수 있습니다. 작은 불빛 하나는 또 다른 작은 불빛 하나와 모여 끝없이 이어지는 불빛의 밝은 모습을 보여줍니다. 그것은 내 마음의 불빛이기도 하고 모든 인간들 속에 꺼지지 않는 불빛이기도 합니다. 내게만 그런 불빛이 있는 것이 아니라는 것, 상대방에게도 똑같이 귀중한 불빛을 발견하고 함께 평화롭게 살자고 그 불빛이 말해주는 것 같지 않습니까?

물론 우리는 수많은 불빛을 봅니다. 대도시의 야경에서 나오는 화려한 불빛들, 비행기 위에서 내려다보는 도시의 불빛들, 불꽃놀이에서 터져나오고 명멸하는 불빛들, 그 모두가 인간과 인간이 살아가고 있는 곳에서 나오는 불빛들입니다. 하지만 크리스마스의 불빛이나 연등회의 불빛은 이런 불빛들과는 조금 다릅니다. 종교인들이 표현하는 불빛은 인간적인 것을 넘고 있습니다. 그것을 신적인 것이라고 부를 수도 있겠지요. 서양 기독교의 개혁을 주장한 독일인 루터는 어두운 숲에서 나무에 내려앉은 불빛을 보고 신의 모습이라고 생각했습니다. 그는 숲에서 본 신의 모습이 잊히지 않아 집에서 트리에 촛불을 올려놓았어요. 크리스마스 트리의 기원이지요. 그래서 크리스마스에 밝히는 불빛은 신의 모습을 의미해요.

하지만 불교의 연등은 인간 바깥의 신이 아니라 인간 마음 안에 존재하는 하나의 마음의 빛을 상징합니다. 불교에서는 한 사람 한 사람의 마음속에서 밝게 빛나는 마음이 있다고 생각하지요. 그리고 그것을 연등의 불빛으로 표현합니다. 왜 연꽃 모양의 등일까요? 연꽃은 진흙과 같이 더러운 곳에서 피어나는 꽃이기 때문입니다. 연꽃은 인간 세상의 더러운 모습 속에서도 피어나는 밝은 마음의 불빛을 가리킵니다. 하지만 일시적으로 피었다 사라지는 것이 아니라 영원히 빛나는 등입니다. 불교 연등회에서는 모든 개인이 자신의 등을 들고 행진합니다. 홀로 행진하지 않고, 나란히 각자의 등을 들고 평화롭게 행진합니다. 그래서 연등회의 불꽃 행진이 아름답게 보이는 것입니다. 각자의 연등 속에 연등행렬 전체의 모습이 들어 있고, 연등행렬 전체의 모습이 곧 하나의 연등을 들고 있는 사람으로 보이는 것입니다.

종교 축제를 통해
사람들이 얻는 것들

크리스마스와 연등회에서는 힘겨운 시련과 고통이 표현되고 있지 않습니다. 오히려 갈등이나 고통을 잠시 내려놓고 사랑과 즐거움, 평화와 평안, 기쁨을 체험하는 시기입니다. 그래서 일부러 그 시기에는 가장 멋지고 좋은 옷을 차려입고, 가장 맛있고 아름답게 차려진 음식들을 준비하고, 서로에게 가장 기쁜 선물을 주고받고, 사랑을 애써 표현하고, 함께 있는 시간을 즐거운 내용으로 채우려 합니다. 이것이 바로 축제인 것입니다. 축제는 인간이 만들어낸 것이지만 그 영광을 신적인 것으로 돌리는 문화 활동입니다.

물론 종교인들은 이러한 행사를 종교적 언어로 표현합니다. 서양 기독교에서는 이 모든 것이 아기 예수가 탄생했기 때문에 기뻐서 펼치는 행사라고 말하지요. 동양 불교에서는 이 모든 것이 아기 붓다가 탄생했기 때문에 기뻐서 펼치는 행사라고 말합니다. 하지만 우리는 이런 종교인들의 표현을 지혜롭게 재해석할 필요가 있습니다. 결국 종교는 신에 대한 이야기만이 아니라 신을 믿고 따르고 생각하고 닮아가고자 하는 인간에 대한 이야기이기 때문입니다.

평소의 우리 인간들은 서로 대립하고 싸우고 시기하고 질투하며 너와 내가 다르다고 생각하면서 이기적 행동들을 일삼습니다. 1년 365일을 날마다 크리스마스나 연등회를 하는 마음으로 살 수 있을까요? 아마도 아주아주 어려울 것입니다. 날마다 그렇게 살기는 어려운 우리 인간들이지만, 그래도 아기 예수나 붓다를 핑계 삼아 그렇게 잠시 동안 살아보는 것, 그것이 이 축제의 진짜 의미입니다. 예수나 붓다는 한평생을 그렇게 살았던 사람이기에 사람이자 곧 사람이 아닌 신적 존재라고 할 수 있겠습니다. 인간이면서도 신적 존재를 우리 '안에서' 스스로 발견하고 축하하고 표현하는 시간이 바로 크리스마스와 연등회 같은 종교 축제입니다.

그런데 신기한 점이 있습니다. 이런 종교 축제는 전쟁과 같은 긴박한 상황에서도 계속 유지되어왔다는 점입니다. 또한 궁금한 시기에도 멈춰진 적이 없습니다. 어떤 사람들은 이런 문화 현상을 두고, '마치 마약에 취한 것과 같이', 헛된 가상을 통해 현실의 괴로움이나 어려움을 잊거나 도피하는 행동이라고 비판하기도 했습니다. 마르크스 같은 사회혁명가나 니체 같은 철학자가 대표적입니다. 이들은 종교 문화가 인간에게 현실을 직시할 수 있는 힘을 빼앗는다고 생각했습니다. 이들의 주장이 전적으로 틀린 것은 아닙니다. 마르크스나 니체 같은 사람들은 현실 속에서 어려움을 겪는 사람들이 주체적으로 현실을 직시하고, 비참한 현실을 스스로 극복해가기를 원했던 것입니다. 그렇다 해도 모든 종교와 종교 문화가 해롭거나 쓸데없는 것이기만 한 것은 아닙니다. 종교 축제의 핵심적 의미들 중 가장 알쏭달쏭한 점이 바로 이것입니다. 크리스마스나 연등회 같은 종교 축제에는 '실용적 목적 추구'와는 거리가 먼 인간의 행위가 표현되고 있다는 점입니다.

종교 축제 속에는 인간 본래의
성스러운 유희 정신이 들어 있다

　　　　　종교 축제에는 실용적 목적 추구가 없습니다. 기뻐서 추는 춤에 무슨 목적이 있겠습니까? 사랑을 나누고 싶어서 건네는 선물에 무슨 목적이 있겠습니까? 흥겨워서 부르는 노래와 스스로 아름답게 꾸미고 싶어서 정성을 다하는 모습이 무슨 실용적 효과를 의도하겠습니까? 이러한 모든 행위들은 '그렇게 하지 않고는 못 배기기 때문에' 하는 자연스러운 행위가 대부분입니다. 나는 어렸을 적에 어머니의 노고에 힘입어 간직하게 된 '크리스마스 트리의 아름다운 불빛'을 다시 생각해봅니다. 어머니는 가족에게 특별한 것을 강요하거나 요구하지 않으셨지요. 연등회의 행진을 강압적으로 준비하여 불교의 발전을 드높이자는 구호를 외치는 사람이 설혹 아주 없지는 않겠지만, 뜬금없는 짓입니다.

모든 종교 축제는 그 축제에 참여하는 사람들의 마음과 뜻과 흥과 재주와 솜씨가 어우러지면서 인간이 인간답게 살아가고 있음을 스스로 확인하고 격려하는 '향유의 잔치 자리'인 것입니다. 내가 기독교인이라고 해서 크리스마스 축제만 고집하고 연등회를 폄훼하는 것은 과연 바람직할까요? 또는 그와 반대로 내가 한국의 불교인이라고 해서 연등회의 문화적 가치만 내세우고 서양의 크리스마스 문화를 적대시한다면 과연 바람직할까요?

우리는 종교를 믿기 전에 종교에 대해 객관적으로 이해하고 배울 필요가 있습니다. 그래야 내가 믿는 종교뿐 아니라 내가 몰랐던 종교에 대해서도 존중할 수 있고, 현재 내가 믿는 종교가 제시하는 가치를 올바로 받아들일 수 있습니다. 내가 믿는 종교만 내세우고 다른 것은 적대시하는 태도를 가르치는 종교가 있다면 그것은 참된 의미의 종교적 태도라고 할 수 없습니다. 크리스마스 축제를 통해, 연등회 축제를 통해, 그 종교 축제가 우리 인간의 어떤 고귀한 가치를 표현하고 있는지 바르게 이해할 수 있는 것입니다.

자, 이제 여러분과 함께 크리스마스의 축복, 연등회의 기쁨을 함께 누려보도록 할까요? 솜씨를 발휘해서 나의 연등을 만들어볼까요? 정성껏 크리스마스 쿠키를 구워볼까요? 그러한 놀이 속에서 참으로 고귀한 종교적 가치들을 조금이나마 체험해볼 수 있기를 바랍니다. 그것들은 하루아침에 생겨난 것이 아니고 수많은 사람들에 의해 계속 이어져오고 반복해오는 소중한 우리 모두의 종교 문화입니다.

9장

종교 안의 음악, 종교 밖의 음악
— 독일 바흐 음악, 인도 라가 음악,
한국 거문고 음악

음악이 빠진 종교는
상상하기 어렵다

음악이 빠진 종교를 상상할 수 있을까요? 세상과 엄격하게 담을 쌓고 종교적 수련에 집중하도록 만든 장소인 서양의 수도원에서조차 가장 번성한 것이 바로 음악이지요. 그레고리안 찬트는 수도원에서 수도생활을 하는 사람들이 날마다 정해진 일과처럼 부른 노래를 말합니다. 종교에서 음악은 일부만 필요한 수단이 아니라 종교 그 자체와 한 몸이라고 말할 정도입니다. 물론 음악은 종교의 영역뿐 아니라 우리의 생활 전반에 함께하고 있습니다. 아침에 일어나 음악을 들으며 하루를 시작하기도 하고 특정 뮤지션의 팬이 되어 그들의 음악 활동에 적극 참여하는 덕후 활동을 하기도 합니다. 귀로 들을 수 있는 모든 매체를 통해 음악은 하루 종일 우리의 삶 속에 스며들어 있습니다.

하지만 종교 안에서 음악이 울려퍼질 때, 우리는 다른 감정을 느끼게 됩니다. 여러분 중에는 우연히 듣게 된 종교 음악 선율의 아름다움에 매혹되어 종교생활을 시작하게 된 사람도 있을 거예요. 예배당 안에서 울려 퍼지는 음악의 예술의 가치를 쉽사리 부정하기는 힘듭니다. 종교 음악은 그 자체로 예술적 가치를 갖고 있지요. 오늘은 동서양에서 인류의 문화적 유산으로 그 가치를 입증받고, 많은 사람들에게 사랑받고 있는 종교 음악 몇 가지를 함께 생각해보기로 합시다. 그것은 독일의 바흐 음악, 인도의 라가 음악, 한국의 거문고 음악입니다.

음악가 바흐의 이름은 많이 들어보아서 익숙하게 잘 알고 있겠지만 인도의 라가 음악이나 한국의 거문고 음악은 여러분에게 다소 낯설지요? 하지만 이들 음악은 기나긴 인류의 역사를 두고 보면 오히려 바흐 음악보다 더 오랫동안 더 널리 많은 사람들이 연주하고 감상했던 동양의 음악입니다. 오늘날 서양화의 물결이 급속하게 이루어져서 우리는 서양의 종교 음악보다 동양의 종교 음악에 대해 더 모르게 되었습니다. 이제 우리의 눈과 귀 그리고 마음을 열어 종교와 음악에 대해 공부해보도록 합시다.

바흐의 종교 음악 정신을
이어가는 연주자들

　　　　　　먼저 우리에게 익숙한 바흐의 음악에 대해 생각해볼까요? 얼마 전 미국 첼리스트 요요마는 전 세계를 돌아다니며 순회 연주 프로젝트를 진행했는데요. 연주곡은 단 하나, 바흐의 무반주 첼로곡이었습니다. 그는 코로나로 수많은 사람들이 지치고 고통을 겪고 있을 때에 위로의 마음을 담아 바흐를 연주한 동영상을 만들기도 했습니다. 요요마는 바흐의 음악 속에서 종교적 위로를 발견한 것이지요. 실제로 바흐는 일생 동안 독일 교회의 음악감독으로 일하면서 수많은 종교곡을 만들었습니다. 바흐가 살던 당시의 독일 교회 신자들은 서너 시간이 넘도록 계속 되는 종교 음악을 듣는 데에 익숙했어요. 그들에게는 종교 음악을 듣는 행위가 곧 종교적 신앙 활동이었기 때문이에요. 그들은 일상적인 예배 시간뿐 아니라 수난절이나 부활절, 성탄절이 되면 또 별도로 작곡된 대규모의 오라토리오 음악을 일부러 찾아 듣고 음악예배에 참석했습니다.

　　현대의 젊은이들은 음악에 관한 한, 종교의 안과 밖을 넘나드는 자유로움을 갖고 있습니다. 1970년대의 미국 젊은이들은 종교 음악이 특정 방식과 특정 내용으로 엄격히 규제되는 것에 문제를 제기했습니다. 그들은 새로운 대중적 종교 음악 양식을 창조해내기도 했지요. 요즘 우리가 CCM(복음성가)으로 즐겨 부르는 종교음악곡들은 바흐 시대의 신자들이 경건하게 앉아 조용히 몇 시간씩 계속되는 오라토리오나 칸타타를 듣는 것과는 매우 다른 태도를 이끌어냅니다. 경쾌하게 일어서서 이리저리 몸을 흔들고, 손과 발을 움직여서 율동을 만들면서 노래를 함께 부르는 것입니다. 그리고 이렇게 음악적 열정을 함께함으로써 종교적 신앙을 서로 공유하고 확인합니다. 하지만 이런 소란스러움을 기독교인들이 모두 좋아하는 것은 아닙니다. 여전히 오늘날에도 종교 음악의 중요한 전통은 바흐 음악과 같은 것이라고 생각하는 사람도 많아요.

이와 같이 서양 종교 음악은 종교적 계율 안에서 그 특유의 형식과 내용을 엄격히 지키는 전례 음악, 수도원의 수도사들이 일상적으로 노래하던 그레고리안 성가, 대중적 선율과 율동이 함께하는 복음성가에 이르기까지 그야말로 다양하게 발전되어왔습니다. 그럼에도 나는 독일의 바흐 음악에 특별히 주목하고자 합니다. 그 이유는 무엇일까요? 독실한 기독교인이었던 바흐는 자신의 종교적 신앙 활동을 음악을 통해 표현했습니다. 바흐는 종교 음악의 서양적 표준을 정립한, 서양 종교 음악의 아버지라고 할 수 있습니다. 수많은 기독교인들은 바흐의 음악 속에서 그들의 신을 만나고 노래하고 그들의 신앙이 음악 속에서 다채롭게 표현되는 것을 감동적으로 체험했습니다.

　한국의 기독교인들도 바흐의 종교 음악을 만나면서 그들의 종교적 진실을 새롭게 탐구하고 이해하는 노력을 할 수 있었답니다. 바흐는 한 사람의 음악가의 차원을 넘어서는 존재가 되었습니다. 수많은 기독교인들이 성지순례를 하면서 꼭 방문하고 싶어하는 곳 중에는 독일의 바흐가 살고 연주하던 도시와 교회들이 포함되어 있습니다. 종교 음악을 사랑하는 한국만이 아니라 미국이나 일본 그리고 서유럽의 기독교인들에게 보편적으로 나타나는 모습이에요.

　바흐의 종교 음악 작품 중 한 가지를 예로 들어볼까요? 〈마태 수난곡〉이라는 작품이 있습니다. 이 작품은 예수가 십자가에 못 박히기까지 당한 고난을 기록한 마태복음의 내용을 음악으로 만든 것입니다. 이 작품에는 나지막한 알토의 목소리로 노래하는 "자비를 베푸소서, 나의 하나님(Erbarme dich, mein Gott)"이라는 내용이 있습니다. 베드로의 참회의 눈물을 담은 가사입니다. 이 선율을 듣고 있으면 기독교인이든 무종교인이든 뭔가 마음속 깊은 곳에서 하나로 통하는 듯한 전율을 느끼게 됩니다.

　하나로 통하는 감정의 세계, 그 층위를 건드리고 울리게 하는 것을 가리켜 순우리말의 아름다운 표현이 있습니다, "심금을 울린다"는 표현이지요. 나의 순진함 또는 어리석음에 의해, 나의 개인적 욕망에만 충실하다가 어느 순간 나에게 가장 소중한 존재였던 사람을 내가 부정하거나 외면하여 그가 죽음에 이르게 되었다고 상상해봅시다. 뒤늦게야 자신의 어리석음을 깨닫고 눈물로 용서를 구하지만 그 사랑하는 사람은 이미 고통과 고난 속에 죽음을 당했습니다. 이 알토의 선율은 바흐 종교 음악의 가장 뛰어난 극치 중 하나를 보여줍니다. 인간이기에 가질 수밖에 없는 스스로의 불완전함, 그 깨달음, 자비와 용서를 신에게 구하는 종교적 인간의 마음이 음악 속에 고스란히 담겨 있습니다.

인도의 라가 음악 연주는
시간에 따라 달라진다

서양의 종교 음악은 인간이 신 앞에서 불완전한 존재임을 고백하고 신의 자비와 은총을 갈망하는 내용이 중심을 이룹니다. 하지만 동양의 종교 음악은 이와는 다릅니다. 동양의 종교는 신과 인간의 절대적 차이를 강조하지 않습니다. 오히려 인간 속에 내재한 신성을 적극적으로 드러내고 그것을 음악으로 표현하고자 했습니다. 먼저 인도의 라가 음악에 관해 배워보도록 할까요? 서양의 성지순례 장소로 유명한 곳이 이스라엘이라면 동양의 성지순례 장소로 유명한 곳이 인도인데요. 인도의 종교 음악으로 유명한 것이 바로 라가 음악입니다. 오늘날 요가와 명상을 할 때 이 라가 음악도 많이 유행하게 되어 막상 여러분이 라가의 선율을 들어보면 익숙한 느낌을 받을 수도 있습니다.

인도 라가 음악은 종교 음악이지만 종교 안의 음악으로만 머물지 않고 종교 밖의 음악으로도 자리 잡고 있습니다. 종교 안의 음악이 종교 밖의 음악이 되었다고 해서 그 음악 속에 담긴 종교성이 없어지는 것은 아닙니다. 오히려 음악에 의해 종교의 안과 밖이 연결된다고 할까요? 인도의 라가 음악에는 이렇게 신비롭게 통하는 무언가가 들어 있습니다. 이 신비로운 소통의 비결은 무엇일까요? 그것은 라가 음악이 기본적으로 품고 있는 '인간과 신의 관계에 대한 생각'으로부터 비롯됩니다. 라가 음악은 오랜 역사를 통해 다양한 선율들이 새롭게 만들어지고 있지만 기본적으로는 인간과 세계, 인간과 우주, 신적인 법칙과 개인의 마음이 하나로 연결되고 있음을 보여주는 방식으로 전개됩니다.

라가 음악의 선율은 변화무쌍하지만 그 선율들의 변화는 인간과 우주의 존재 자체의 법칙적 변화를 상징합니다. 인도 라가 음악을 직접 체험해보려고 인도로 여행을 떠난 한 젊은이가 있었어요. 그는 라가 음악을 연주하는 장소에 도착해서 연주가 시작되기를 기다렸지만 정작 연주가 시작된 것은 늦은 밤이었습니다. 그런데 더욱 놀라운 것은 연주가 밤새도록 계속되고 새벽이 되어서야 끝난다는 것이었습니다. 독일의 교회에서 바흐의 음악이 몇 시간 동안 계속되는 것도 놀라운 일인데 인도의 라가 음악은 밤에 시작해서 밤새도록 연주된다는 것입니다. 물론 현대에는 좀 달라졌겠지요. 하지만 본래 라가 음악은 이렇게 야심한 시간에 연주됩니다. 이것은 무슨 의미일까요?

라가 음악을 만들거나 연주하는 사람들은 음악을 연주하는 과정에서 신과의 합일을 체험하기도 하고, 그 합일의 체험을 음악으로 다시 표현하는 사람들입니다. 그 음악 속에는 인도의 종교가 말하려고 하는 핵심이 그대로 담겨 있습니다. 인간은 신과 별개의 존재가 아니고, 신 앞에 무릎 꿇고 자신의 죄와 불완전함을 고백하고 용서를 구하는 존재가 아닙니다. 인간은 신성을 깨달아 알 수 있고 신성과 통할 수 있는 존재입니다.

그런데 인간도 우주만물도 시간과 공간에 의해 다양하게 표현되고 드러나지요? 그래서 라가 음악의 선율 역시 아침에 연주될 때와 저녁에 연주될 때가 다릅니다. 라가 음악의 선율 자체가 다른 것이지요. 이것은 우리가 아침저녁으로 산책을 해보면 잘 알 수 있어요. 이른 새벽의 산책과 한낮의 산책 그리고 심야의 산책은 다르잖아요. 시간의 차이에 따라, 또 나의 상태와 내 눈앞에 펼쳐지는 세계가 다르게 보이고 다르게 받아들이게 되지요. 라가의 선율도 마찬가지예요.

인도 라가 음악이 현대인의 명상 음악으로도 많이 애용된다고 말했지요? 명상을 할 때 우리의 몸과 마음에는 어떠한 변화가 일어날까요? 명상은 우리의 마음이 이리저리 복잡하고 어지러운 생각들로 가득 차 있는 포화 상태로부터 텅 비어진 상태로 변화시켜줍니다. 또한 명상은 우리의 몸이 온갖 것들로부터 지쳐 있고 긴장되어 있는 상태로부터 가볍고 투명하며 평온한 상태로 변화시켜줍니다. 라가 음악이 명상의 이러한 경지를 더욱 조화롭게 해주는 것은 이 음악의 선율 자체가 그러한 비움과 평안을 불러일으키는 음들의 구성과 조화로 이루어져 있기 때문입니다. 인간이 우주만물의 신적인 법칙들을 직접 인식하고 그것들과 어우러져 하나가 되는 과정이 라가 음악을 연주하고 듣는 과정이 되는 거예요.

이쯤 되면 여러분도 라가 음악에 대한 낯선 느낌이 조금 줄어들었을지 모르겠군요. 하지만 아직도 인도는 우리 젊은이들이 열광적으로 선호하는 배낭여행지는 아니지요. 그런 만큼 라가 음악을 아무 배경 없이 들으면 호불호가 느껴질 수 있을 거예요. 하지만 종교와 마찬가지로 종교 음악 역시 그 이면에 담겨 있는 의미나 역사적 배경, 문화적 내용들을 배우고 익히면 '정말 다르게 보이고 다르게 들린다'는 것을 꼭 명심하세요. 우리의 눈과 귀가 너무 서양적인 것에 익숙해져서 이런 벽들을 조금 깨고 편견 없이,

거리감이 덜한 상태에서 조금씩 우리의 눈과 귀를 새롭게 열리게 해보세요. 종교에 대한 편견이나 거리감 못지않게 종교 음악에 대한 편견과 거리감이 있었구나 하는 자각이 생기면 그만큼 우리 자신이 훌쩍 커져 있을 거예요.

한국 선비들은 종교적 마음으로 거문고를 연주했다

마지막으로 종교 음악 여행지를 한국으로 옮겨 보도록 하겠습니다. 한국의 거문고 음악입니다. 거문고 음악만큼 신비롭고 아름다운 음악이 있을까요? 물론 여러분은 가야금이 아닌 거문고가 더 낯설지도 모르겠습니다. 거문고는 고구려에서 만들어진 한국의 현악기입니다. 서양의 현악기 콘트라베이스는 갖고 다니면서 배우기가 쉽지 않은데요, 거문고도 크기나 무게가 가볍지는 않아서 우쿨렐레나 기타와 같이 쉽게 휴대하기는 어렵지만 한 번 이 소리에 매혹되면 좀처럼 그 여운이 마음에서 가시지 않는 악기입니다.

우리나라의 선비들이 특히 이 거문고를 사랑했습니다. 이들은 거문고 소리를 내는 것을 매우 경건하게 생각했는데요. 왜일까요? 선비들이 쓴 글들을 읽어보면, 유교에서 추구하는 수양의 정신이 '거문고를 연주하는 것'에 종종 비유되곤 합니다. 이들은 거문고를 연주하면서 자신의 마음을 다스리는 활동이라고 생각했습니다. 여러분은 악기를 연주하면서 그 연주 과정을 종교적 수행이라 생각할 수 있을까요? 그런데 바흐도, 인도의 라가 음악 연주자도 매우 존경받는 스승의 위치에 있었습니다. 그들은 제자를 훈련시킬 때 단지 음악적 기교만을 가르친다고 생각하지 않았어요. 제자들 역시 스승에게 배우면서 음악 너머에 있는 종교적 정신을 함께 배웠던 것입니다.

이와 마찬가지로 한국의 선비들은 거문고를 글공부하는 방 한 편에 두고 자주 연주하면서 그 연주 시간을 마음을 다스리는 시간으로 생각했습니다. 심지어 어떤 선비는 거문고 연주를 '나라를 다스리는 일'에 비유하기도 했어요. 선비들은 과거시험을 통해 벼슬을 얻고 공적인 업무에 종사하는 사람들이었습니다. 그런데 그들의 인성과 행동이 이기적인 이해관계에 치우쳐 있다면 어떻게 되겠습니까? 나라에 재앙이 생길 것은 뻔한 일이 아닐까요? 옛날이나 지금이나 공직자가 나라의 공적인 업무를 돌보고자 할 때 사사로운 개인의 이익을 도모하고자 하면 가장 큰 폐단으로 보고 엄벌의 대상이 되었습니다. 그래서 선비들을 교육시킬 때 무엇보다 중요했던 것이 사적인 욕망을 다스리고 공적인 도리를 배우고 익혀 자신의 마음과 몸에 체화시키는 것이었습니다. 그 교육 방법으로 글공부와 더불어 거문고 연주가 중요했습니다.

한국의 거문고 음악에는 수행과 수양의 정신이 깊이 배어 있기 때문에 종교 안의 음악과 종교 밖의 음악의 경계를 무너뜨립니다. 거문고 음악에서는 거문고 악기의 줄을 조이고 줄을 튕기는 태도 하나하나에서도 연주자의 마음, 바른 도를 익힌 마음이 매우 중시됩니다. 오늘날 한국 음악을 연주하는 사람들이 정성스럽게 한복을 갖추어 입고 연주하는 것은, 마치 종교 음악을 연주하는 사람들이 연주복을 갖추어 입는 것과 다르지 않습니다.

음악을 연주할 때 갖춰야 하는 외모뿐 아니라 더욱 중요한 것은 그 음악을 통해 연주되는 선율 속에 담긴 종교적 마음입니다. 선비들이 배우고 익혔던 유교 정신 속에도 종교적 마음이 들어 있었습니다. 그것은 인간과 만물, 천지의 마음과 인간을 하나로 통하게 하는 천인합일의 마음, 만물일체의 마음입니다. 유교 선비들이 정성껏 예를 갖추는 행위는 단지 허례허식이 아니었어요. 그들의 예는 일종의 종교적 행동이라고 할 수 있습니다.

거문고 연주를 가만히 들어보기 바랍니다. 거문고의 소리에는 삶의 기쁨과 슬픔과 같은, 인간 자신의 마음도 들어 있고. 자연의 아름다움을 경탄하는 마음도 들어 있습니다. 또한 계절과 꽃, 달과 나무 등의 모습 그 자체가 들어 있기도 합니다. 거문고의 소리에는 이 모든 것이 하나로 어우러져 있기에 듣는 사람에게 감동을 주면서도 옷깃을 여미게 만드는 신비한 종교적 힘이 들어 있습니다.

종교에서는 음악을 통해
종교적 감정을 표현하고 나눈다

종교 음악은 종교와 음악이 결합된 것이기에 음악을 통해 우리는 종교적 감정을 느끼게 됩니다. 독일의 바흐 음악에서도, 인도의 라가 음악에서도, 한국의 거문고 음악에서도 음악은 그 내용 속에 종교성을 담고 있는 것을 볼 수 있습니다. 그런데 누군가가 종교 음악은 이러이러한 방식과 내용을 담고 있어야 한다고 에둘러 한계를 짓거나 지시를 한다면 어떻게 될까요? 만약 독일 교회에서 일하던 바흐가 작곡한 종교 음악 작품들 중 어떤 것들을 성스럽지 못하다고 징계를 내리거나 금지를 시킨다면 어떻게 될까요? 그것은 예술가의 창작의 자유를 모독하는 행위가 될 것입니다. 하지만 역사상 적지 않은 경우에 음악을 잘 이해하지 못하는 일부 종교 기관의 고위 성직자들이 이런 만행을 저지르기도 했습니다. 하지만 그런 만행은 오래가지 못했어요.

어떤 종교가 사이비나 가짜 종교인지 아닌지는 오직 그 스스로 바른 지식과 이해를 통해 밝혀질 수 있듯이, 어떤 종교 음악이 참된 종교성을 표현하고 있는지 아닌지는 오직 그 음악을 바르게 들을 수 있는 사람들 그리고 그 음악의 가치를 제대로 깨달을 수 있는 사람들에 의해 결정되는 것입니다. 이런 면에서 독일의 바흐 음악, 인도의 라가 음악, 한국의 거문고 음악은 모두 오랫동안 시간의 시험대에서 살아남고 수많은 사람들에 의해 그 가치가 검증된 훌륭한 종교 음악입니다. 그리고 훌륭한 것은 모두 그렇듯이, 특정한 경계 안에 가로막혀 있지 않습니다. 이들은 훌륭한 종교 음악일 뿐만 아니라 훌륭한 예술작품으로서의 음악이기도 합니다.

우리는 아직 젊으니까 일생 동안 어떤 종교가 나에게 바른 지혜와 힘을 주고 이 세상을 살아갈 수 있게 할지 계속 배워가는 과정에 있습니다. 이런 때일수록 훌륭한 종교 음악 작품을 자주 접하면서 종교에 입문해보는 것도 좋은 방법일 수 있습니다.

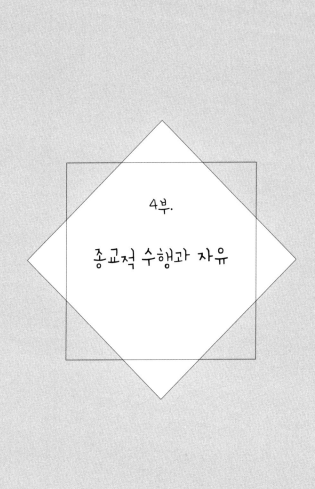

4부.

종교적 수행과 자유

종교적 수행이란 무엇인가?

— 사이비 종교들의 반윤리성과 종교 윤리의 중요성

사이비 종교 지도자들의 반윤리성이 심각하다

요즈음처럼 종교의 차이를 막론하고 종교 성직자들이나 종교 조직들의 행동에서 반윤리적인 면들이 많이 보이는 시대가 또 있었을까요? 그 종교 집단은 대부분 정식 인가를 받지 않은 사이비 종교 혹은 이단 판정을 받은 종교입니다. 오늘은 그 원인을 살펴보고 종교에서 윤리가 왜 중요한지 생각해보도록 하겠습니다. 종교적 반윤리성은 바른 의미의 종교적 수행이 실종되고 돈과 권력에 휘둘리기 때문이라는 점을 밝혀보겠습니다.

종교 성직자들과 종교 조직의 반윤리적 행동들의 심각성을 다음의 사례들을 통해 확인해볼까요? 이 사례들은 최근 뉴스를 통해 전해진 내용들을 기초로 약간 각색한 것입니다.

00교회 00 목사는 교회 신자들에게 언제나 헌금을 강조한다. 최근에는 주일 설교의 대부분을 돈 이야기로 할애했다. 그 교회는 새로운 예배당 신축을 위해 거액의 대출을 은행에서 받았다. 00 목사는 자신의 설교 내용을 마음에 들어하지 않는 일부 장로들을 교회에서 내쫓기 위해 그들을 면직 처분했다. 00 목사는 이제 나이가 들어 자신의 아들에게 교회를 물려주려고 애쓰고 있다.

00사찰 00 승려는 주지이다. 그는 최근 신도들에 의해 고발당한 상태이다. 그는 사찰의 재산 중 상당 부분을 신자들의 동의 없이 그와 친분 관계를 갖고 있던 한 여성에게 소유권을 이전해놓은 상태이다. 그는 신도들과 상의 없이 모 재벌 기업 총수의 사면을 호소하는 탄원서에 찬성을 표시하여 반발을 사고 있다.

00성당 00 신부는 청년 모임을 이끌고 있는 젊은 수사들을 상습적으로 성추행한 혐의를 받고 수사기관의 조사를 받고 있다. 이 사건은 젊은 수사의 연이은 자살 사건으로 세상에 알려지게 되었다. 이 신부는 퇴임하여 지방의 한 수행 공동체를 운영하고 있다. 그런데 이 공동체는 대부분 지적 장애를 앓고 있는 젊은 청소년들로 구성되어 있다.

OO 신앙공동체 OO 대표는 최근에 눈부신 조직의 발전으로 호화 성전을 짓고 대규모 축하 잔치를 했다. 이 조직에서는 『성경』 공부와 전도 활동이 매우 중요시된다. 이들은 효과적인 신도 확보를 위해 거짓말과 사기를 오히려 권장한다. 이 조직에서는 개인적인 사생활을 거의 존중하지 않는다. 이 때문에 가족들과도 불화가 심해지고 이혼이나 가출 등이 빈번하게 일어난다. 이들은 날마다 그 종교 조직에 필요한 활동을 하기 위해 직업생활을 포기하는 경우도 많다.

이 사례들에서 발견되는 종교 성직자들과 종교 조직들의 가장 큰 반윤리적 행동으로는 성추행이나 성폭력 등과 같은 성범죄가 많고, 사기나 공금횡령 그리고 교회세습과 같은 사유화 시도 등이 많습니다. 또한 자기 조직의 번영과 발전을 위해 사기와 거짓말 같은 것들을 용납하는 것, 물질적 발전 위주의 종교 조직활동도 적지 않네요.

종교인들의 반윤리성은
일부 사람들의 일탈이 아니다

이러한 일들이 언론을 통해 기사화되어도 우리 주변의 종교인들은 별로 반응을 보이지 않습니다. 스스로 부끄러워하거나 공개적으로 사과하거나 내부적으로 치열하게 원인을 알아내고 개선하려는 노력을 하는 사람들이 극히 적습니다. 설사 그런 움직임이 있다 하더라도 그 목소리는 너무나 미약합니다. 이들은 일반인들의 염려와 위기의식 속에서도 너무나 조용합니다. 오히려 일부 종교인들은 자신들에게 가해지는 비난을 종교적 수난으로 받아들이거나, 적대적이고 방어적인 태도로 반정부적이고 반사회적인 시대착오적인 모습을 보이기도 합니다.

도대체 한국의 종교 현실이 왜 이 지경까지 이르게 되었을까요? 과연 앞의 사례들은 극히 일부의 사례에 불과한 것일까요? 나는 이러한 현상을 한국 종교의 지적 위기, 윤리적 위기로 봅니다. 한국에서 종교 조직을 이끌고 있는 종교 지도자들 내부에 만연해 있는 '지성적이고 윤리적인 감수성의 실종 때문'이라고 보는 것이죠. 종교가 지식과 이해 그리고 바른 통찰과 윤리적 계율을 외면하기 시작할 때 위기로 치닫습니다. 한국의 종교들은 이런 면에 관심과 노력을 기울이지 않았다는 것이 드러나고 있어요. 그들은 이런 것들보다 다른 것들을 더 중요하게 생각하고 있었다는 것입니다. 그것은 무엇일까요?

누누이 말해왔듯이 그것은 돈과 권력 그리고 폐쇄적인 종교 이기주의를 추구하는 것입니다. 돈과 권력 그리고 사사로운 욕심 때문에 성범죄가 일어나고 공금횡령이 빈번해지며 종교세습과 사기 그리고 거짓 술수들이 자주 일어나는 것이에요. 그런데도 그것들은 쉽게 알아차리기 어려운 경우가 많습니다. 왜일까요? 대부분 '전도'나 '종교적 목적의 달성' 혹은 '종교적 신앙 활동'이라는 명분으로 포장되기 때문입니다. 다음의 사례들을 좀 더 살펴볼까요?

OO 부부는 교회 장로와 권사이다. 이 부부는 건축헌금과 십일조 이외에도 최근 교회에 새로운 그랜드피아노 구입 비용 2천만 원을 헌금으로 냈다. 이 부부는 정년퇴직 이후 특별한 노후자금이 없는데도 이렇게 헌금하는 것이 장로와 권사의 의무라고 생각한다. 이들 부부는 주일 교회 안내지에 자신들의 헌금 내역이 광고되는 것을 보고 스스로 뿌듯해한다. 하지만 다른 사람들이 얼마를 헌금하였는지 어느새 비교하는 습관이 생겼다. 헌금을 제대로 하지 않는 신자들은 교회에서 목소리를 제대로 낼 수 없다고 굳게 믿고 있다.

OO는 최근 다니기 시작한 절에서 매번 여성들에게만 온갖 봉사 활동 등 노동이 부과되는 것이 마뜩잖다. 하지만 이것도 기쁨과 감사로 받아들여야 한다고 주지 스님이 말씀하시기 때문에 종교적 수행 활동의 일환으로 기쁘게 받아들이려고 마음먹는다. 하지만 번번이 절에 갈 때마다 밥하고 설거지하며 청소하느라 제대로 법문도 듣지 못하는 중년 여성들이나 자신의 처지가 서글프게 느껴진다.

OO는 어렸을 때부터 성당의 복사로 봉사해오고 있다. 그는 음악이 좋아 찬양 활동도 열심히 하고 있다. 요즘에는 찬양 팀으로 여기저기 불려 다니는 것이 좋기는 하지만 너무나 당연하게 생각하는 성당 측 성직자들이나 신도들의 모습이 서운하기도 하다. 성직자들은 극진한 대우를 받는데 자신은 점점 지쳐가고 있다. 자신은 많은 시간을 바쳐 봉사하는데 정작 자신이 힘들 때에는 아무에게도 도움을 받지 못한다. 어쩌다 고민을 털어놓으면 신앙이 약해서 그렇다는 핀잔을 받는다.

OO는 가난하고 외롭게 자랐다. 그런데 유독 그의 친구들 중 두어 명은 그에게 위로도 잘해주고 밥도 잘 사 주며 함께 『성경』 공부도 하자고 권해왔다. 별 생각 없이 그들의 친절함과 따뜻함에 보답하기 위해 『성경』 공부를 시작했다. 얼마 후 그들은 OOO 종교 조직을 소개해주었고 그 속에서 열심히 활동하게 되었다. 아르바이트로 일해 번 돈 중 절반

이상이 헌금으로 나갔지만 그 조직에서 저렴한 월세방을 제공해주어 계속 그들과 함께 공동체생활을 하다시피 한다. 하지만 가끔 의문이 든다. 나는 지금 잘 살고 있는 것일까? 나는 종교적 신앙 활동을 잘하고 있는 것일까? 얼마 전 뉴스에서 내가 속한 000 종교 조직 지도자가 사기와 횡령 혐의 그리고 성범죄까지 연루되어 구속된 것을 보았다. 나는 마음이 심하게 흔들린다.

우리는 미신이 위험하다는 것을 잘 알고 있습니다. 미신은 무지에 기초한 종교적 신앙 활동을 가리킵니다. 한국에 기독교가 전파되어 기존의 전통적 종교들과 갈등을 일으킬 때에 기독교는 전통 종교들 속에 들어 있는 미신적 요소들을 강하게 비판했습니다. 기독교가 비판한 미신적 행위들은 조상에게 제사를 지낸다든가 무당을 불러 굿판을 벌이든가 불교와 같이 무신론에 빠지는 것을 의미합니다. 하지만 이런 생각들은 서양의 기독교와 기독교 신앙만이 유일하게 발전되고 문명화된 종교라는 우월의식하에 전파된 잘못된 신념입니다.

맹목적 믿음은
반윤리적 행동으로 이어진다

세월이 많이 흐른 지금도 기독교는 여전히 다른 종교들이 미신을 믿는 행위를 하고 있다고 그들을 터부시하고 있습니다. 불교 행사가 벌어지는 곳으로 달려가서 찬송가를 부르며 방해하기도 하고, 차별을 금지하는 법이 정부에 의해 추진되는 것을 막기 위하여 조직적인 서명운동을 하기도 합니다. 차별을 금지하는 법을 만드는 것은 곧『성경』에서 말하는 '동성애 금지'에 위배되는 것이라고 주장합니다. 문제는 이런 주장들이나 행동들이 일부 몰지각한 사람들에 의해 진행되는 일들이 아니라 기독교 내에서도 상당한 지위에 속해 있고, 신도들에게 여러 모로 영향력을 미칠 수 있는 권력을 가진 사람들에 의해서 진행되고 있다는 것입니다.

단지 기독교만의 문제일까요? 불교나 천주교 그리고 이런저런 신흥 종교 집단들, 사이비 종교 조직들, 이단으로 판정받은 수많은 종교 단체들에서도 이런 미신적이고 반지성적이며 맹목적인 판단이나 행동들이 생겨나고 있습니다. 과연 요즘은 종교 자체의 위기라고 말할 수 있는 지경에까지 이르렀습니다. 이 모든 위기의 근저에는 바로 종교인과 종교 조직 스스로가 보이고 있는 반지성적 태도, 통찰하지 않는 배타적 사고방식, 윤리의식의 상실, 종교적 수행의 부족 때문입니다.

물론 이러한 종교적 위기가 종교 자체의 소멸로 곧장 이어지지는 않을 것입니다. 오히려 그것보다 더욱 나쁜, 종교적 타락과 종교적 왜곡으로 인한 폐단들이 상당 기간 지속되는 형태가 될 것입니다. 배타적 주장들이 난무하고, 비윤리적 종교인들에게 돈과 권력이 집중되고, 선의의 종교적 피해자들이 계속 생길 수 있습니다. 이렇게 악화되어가는 상황에서 종교의 본래적 모습으로 조금이라도 되돌리고, 온전하게 회복하도록 하려면 어떻게 해야 할까요? 그냥 종교를 떠나는 것만이 최선일까요? 종교에 무관심하거나 종교를 비난하는 것만이 최선일까요? 종교에 대한 비난에 눈과 귀를 닫는 것만이 최선일까요?

참된 종교적 수행에 대한
바른 이해가 필요하다

이제 우리는 종교적 수행의 참된 의미를 바르게 이해할 필요가 있습니다. 또한 종교에서 윤리가 갖고 있는 중요성을 바르게 인식할 필요가 있습니다. 종교와 윤리, 이 두 가지는 어느 것 하나를 목적으로 달성하기 위해 다른 것 하나가 수단이 되는 것이 아닙니다. 종교 수행의 과정은 곧 인간으로서의 윤리적 성숙과 완성을 이루는 과정이 됩니다. 종교적 수행을 한다는 것은 특정 종교가 지시하는 대로 특정 방식으로 기도하거나 명상하거나 제사를 드리거나 예배를 드리고 찬양을 하는 행동을 넘어서는 것입니다. 종교적 수행은 무엇보다 자신의 가장 깊은 영적 존재와 마주하며 온전한 자신을 회복하기 위해 일체의 장애를 없애나가는 과정을 가리킵니다.

종교적 수행이라는 것은 돈을 종교 기관에 바치는 것을 의미하지 않습니다. 종교적 수행이라는 것은 종교 조직 안과 밖에서 영향력을 행사하여 자신의 이름을 드높이는 것을 의미하지 않습니다. 종교적 수행이라는 것은 자신 안에서 자신의 참된 모습을 근본적 차원에서 발견하고 통찰하여 그것의 온전한 모습을 회복하기 위해 몸과 마음을 다하여 노력하는 과정입니다. 물론, 이 과정에서 때로는 돈을 바치는 일이나, 자신의 목소리를 높이고 의견을 강하게 밝힐 때가 필요할 수도 있겠지요. 하지만 그런 것들은 결코 근본적인 것이 아닙니다. 어떤 종교 조직이든지 이런 것들이 과도하게 강조되면 그곳으로부터 나오기 바랍니다. 그 조직은 바른 의미의 종교적 수행을 실천하는 곳이라고 볼 수 없기 때문이에요.

종교적 수행은 한 인간으로서 '윤리적 완성'과도 아주 가깝게

연결되어 있답니다. 종교적 수행을 한다면서 거짓말과 사기, 돈과 권력에 대한 욕심, 성적 탐욕을 무분별하게 표출하고 있다면 그것은 분명히 가짜입니다. 바람처럼 이리저리 휩쓸리는 종교적 미사여구들, 헛된 껍데기에 불과한 수많은 말들에 현혹되지 말아야 합니다. 종교적 수행에 진심으로 임하는 사람은 무엇보다 먼저 윤리적인 사람이 되기 위해 노력하는 사람입니다.

덴마크의 기독교 철학자 키에르케고어는 종교적 수행의 단계는 윤리적 단계를 뛰어넘어야 한다고 주장하기도 했습니다. 그러나 그의 말은 윤리적 단계를 가볍게 여기거나 무시하라는 의미가 결코 아닙니다. 오히려 그 반대입니다. 윤리적 인간으로 사는 일은 종교적 수행 단계로 나아가기 위해 아주 중요하고 필수적인 단계입니다. 윤리적 단계에서의 성숙이 이루어지지 않은 사람이 그것을 넘어서는 종교적 수행의 단계로 나아갈 수 없기 때문입니다.

동양의 대승불교나 성리학은 종교적 수행 과정에서 바른 이해와 통찰 그리고 윤리적 실천을 그 무엇보다 중요하게 생각했습니다. 대승불교에서 보살의 수행으로 잘 알려져 있는 '팔정도(八正道)'라는 것이 있습니다. 팔정도는 여덟 가지 수행의 종류를 가리킵니다. 그런데 이 중에도 특히 강조하는 두 가지 수행이 있습니다. 그것은 선정과 지혜입니다. 선정과 지혜는 마음을 비우고 실상을 꿰뚫는 수행이에요. 바르게 깨우치는 일의 힘은 수많은 다른 수행보다 더 크다는 것입니다. 이것은 역설적으로, 종교적 수행이라는 이름으로 이뤄지고 있는 수많은 활동들 중에서도 이 두 가지만은 제대로 되기 어렵다는 것을 말합니다. 행동은 형식적으로 따라할 수 있고 흉내낼 수 있어도, 이 두 가지 수행만은 대충할 수 없기 때문이지요.

참된 종교적 수행은
윤리와 한 몸을 이루고 있다

어떤 우연한 계기를 통해, 또는 나의 가족의 권유에 의해, 종교 조직에 몸담게 되었다고 해볼까요? 여러분이 그 종교와 종교 조직 그리고 종교 활동으로부터 긍정적인 영향을 받은 것이 있다면 무엇이었는지 되돌아보기를 바랍니다. 그것은 아마 다음의 두 가지 중 하나일 것입니다. 하나는 그 종교와 관련된 윤리적인 경험입니다. 내가 낙심하고 어려움에 처해 있을 때 나를 진심으로 위로하고 돌봐주며 관심을 보여주는 일은 종교적 행위 전에 윤리적 행위인 것입니다. 우리가 종교와 깊이 관련되어 있다는 것은 곧 우리의 존재 자체가 윤리적인 관계를 맺고 살아가는 존재일 수밖에 없기 때문입니다. 종교적 수행과 윤리적 완성은 인간애로 나타나기 때문이에요.

다른 하나는 그 종교와 관련된 예술적인 경험입니다. 어떤 종교가 보여주는 문화와 예술적 성취를 경험하게 되면서 우리는 그 종교와 친하게 되고 그 종교와 깊이 관련을 맺게 됩니다. 하지만 이것도 윤리적인 인간애를 떠나서는 이뤄질 수 없습니다. 종교적 수행은 어떤 것이든지 간에 각 인간들의 윤리적 마음과 말 그리고 행동으로 드러나게 됩니다. 그러므로 앞에서 수없이 확인한 비윤리적이고 반윤리적인 행동들은 결국 종교가 스스로 수행을 하고 있지 않다는 것을 보여주는 가장 확실한 증거입니다.

11장

종교적 삶의 두 모습
— 노예인과 자유인

종교인의 삶에 대해
성찰한 사람들

　　종교에 대해 철학적으로 사색하고 탐구하는 학자들이 있습니다. 그들을 종교철학자라고 부릅니다. 이들은 특정 종교에 소속되어 독실한 신앙생활을 하는 사람들이기도 하지만 반드시 특정 종교에 소속되지 않을 수도 있습니다. 흔히 목사나 사제, 수녀나 승려 등으로 부르는 사람들을 성직자들이라고 하지요. 성직자들이 솔선수범하여 종교적 신앙생활을 하면서 경전을 함께 읽고 일반 신자들을 이끄는 사람들이라면, 종교철학자들은 그런 활동으로부터 한 걸음 물러나 종교 현상 일반과 종교의 본질에 대하여 진지하게 탐구하는 사람들이라고 할 수 있어요.

성직자들이 모두 종교철학자가 아니고, 또 그렇게 되기도 힘들기 때문에 성직자들은 종교철학자들의 연구 내용을 열심히 공부하고 토론합니다. 공부와 토론을 통한 활발한 연구의 교류 과정이 있는 종교 조직이나 공동체는 건강한 모습을 띠게 되죠. 하지만 이런 교류 활동이 적고 폐쇄적인 조직일수록 그 공동체나 그를 이끌고 가는 성직자의 독단적인 모습이 나타날 수 있습니다. 종교철학자들은 특정 종교에 관해서만 집중적으로 연구하는 신학자들과도 구분이 됩니다.

일반인들이 종교철학자들의 말에 귀를 기울여야 하는 또 다른 이유가 바로 여기에 있습니다. 특정 종교 조직의 교리를 알리는 전도 활동의 영역을 넘어, 종교 일반에 대해 객관적으로 이해하는 데에 꼭 필요한 사람들이기 때문이에요. 또한 종교인들 스스로도 신앙 활동의 의미에 대해 반성적으로 되돌아볼 수 있게 해주죠. 종교철학자들은 역사상 훌륭한 종교인들의 삶과 사상을 연구하는 사람들이기도 하기 때문에 우리는 이들의 연구들을 통해 종교의 의미와 종교인의 삶을 바르게 이해할 수 있습니다.

그런데 종교철학자의 모습과 성직자의 모습을 동시에 품고 있는 훌륭한 종교인들도 적지 않습니다. 이들은 종교사상가라고 부를 수 있습니다. 어떤 종교에 대해 호감을 갖게 되거나 그 종교에 속하여 신앙생활을 하게 되는 데에는 역사적으로 훌륭한 삶과 사상을 지닌 종교사상가들의 삶과 정신 때문이기도 해요. 종교의 창시자이면서 동서양의 정신문화의 원천이 되기도 했던 위인들도 어느 정도는 종교사상가이기도 했습니다. 우리에게 너무 잘 알려져 있는 기독교의 예수나 불교의 석가모니가 대표적이지요.

이제부터 우리가 살고 있는 현대에서 그리 멀지 않은 시대에 살았던 종교사상가들이 종교에 관해 펼쳐내는 이야기에 함께 귀 기울여보도록 할까요? 서양의 사상가였던 슈바이처와 키에르케고어 그리고 한국의 사상가였던 최제우가 그들입니다.

슈바이처는 훌륭한 의사로 더 잘 알려져 있지만 본래 그는 종교사상가입니다. 슈바이처는 서양 기독교 정신이 쇠퇴하는 모습을 냉정하게 진단하고 어떤 삶을 살아야 할 것인지 스스로 모색한 사람이에요. 그런가 하면 키에르케고어는 그가 살던 당시 덴마크 교회와 싸우면서 참된 종교성을 회복하자고 주장한 종교철학자입니다. 그는 깊은 영적 울림이 없던 기독교의 설교가 아니라 자신만의 방식으로 종교적 사색과 가르침을 나누는 글쓰기를 시도했습니다. 이들의 눈을 빌려 서양의 기독교가 역사적으로 어떤 모습을 가졌는지 확인해보겠습니다. 한국의 종교사상가 최제우는 우리나라의 명운이 일본에 의해 위기에 처해 있었을 때 서학에 맞서 동학사상을 창시했습니다.

이들은 모두 당시 기성 종교인들이나 종교 조직과는 구분되는 활동과 사상을 품고 세상과 만났던 사람들이었고 스스로 사상적 깊이가 넓고 깊었던 종교사상가들이었습니다. 이들의 삶을 들여다보면 역사상 어떠한 종교도 고정불변의 모습이나 완전한 모습을 갖추고 있지 않았다는 것, 수많은 비리와 불완전함 속에서 바른 길을 모색하려는 사람들에 의해 유지되어왔다는 것을 알 수 있어요. 우리는 이들에게서 종교가 잘못 흘러가고 있을 때, 저항하거나 비판하면서 문제를 제기하고 스스로 바른 길을 찾는 사람의 모습을 엿볼 수 있을 것입니다.

종교는 인간의 정신적 '자유의 산물'이지 '종속의 산물'이 아닙니다. 러시아 사상가 베르댜예프는 그의 책 『노예냐 자유냐』에서 다음과 같이 말합니다.

> 종교적 예속과 신에 대한 예속과 교회에 대한 예속 곧, 신의 노예적 관념과 교회의 노예적 관념에의 예속은 인간에게 있어서 예속의 가장 견디기 어려운 형태이다. 또 그것은 인간을 예속하는 근원 중 하나이다. 그것은 객체, 일반자와 외재성, 소외에 대한 예속이었다. 신비론자가 인간은 신에서도 자기를 끊어야 한다고 가르친 것은 이러한 이유 때문이었다. 이것은 인간이 밟고 가야 할 길인 것이다.

종교에서 가장 위험한 것은 맹목적 순종입니다. 종교 조직에서 가장 위험한 상태는 '아무런 문제 제기나 질문 또는 토론이 없는 상태'입니다. 우리가 살펴볼 종교사상가들은 자신이 속한 종교를 사랑하고 그에 충실하고자 한 사람들이지만 결코 자신이 속한 종교에 예속되어 있는 노예인이 아니었습니다. 자신이 믿고 싶은 것, 믿고 싶은 종교일수록 더욱 철저히 질문을 제기하고 토론하며 스스로 생각해보고 선택하며 결정해야 합니다. 이제 우리는 이들 동서양의 종교사상가들이 어떤 것들을 말하고자 했는지 귀기울여봅시다.

슈바이처가 진단한
서양 기독교의 모습

슈바이처는 의사가 되기로 결심하기 전까지 신학을 전공한 신학 박사였고 파이프오르간으로 바흐의 작품을 연주한 종교음악가였어요. 그는 무신론적 실존주의자였던 사르트르와 사촌 관계이기도 했지요. 슈바이처가 살던 당시의 유럽은 세계대전의 한복판에 있었습니다. 기독교 정신은 무엇을 하고 있었으며 앞으로 어떻게 나아질 수 있을까? 슈바이처는 이런 질문을 스스로에게 던졌고 의사로서의 삶은 그러한 질문에 대한 대답이었습니다. 슈바이처는 쉰여섯 살이 되었을 때 자신의 생애와 사상에 대한 책을 쓰면서 다음과 같이 말합니다.

기독교는 자체에 대한 인식을 확보하기 위하여 사색을 필요로 한다. 여러 세기 동안 기독교는 사랑과 자비를 전통적인 진리로 믿고 있으면서도 이에 근거하여 노예제도, 이단 화형과 고문, 기타 고대 또는 중세 기적인 비인도적인 행위에 항거하려 하지 않았다. 계몽시대 사상의 영향을 받고서야 비로소 인도주의 사상에 의해 투쟁을 시작하였다. (슈바이처, 『나의 생애와 사상』, 유상우 옮김, 홍신문화사, 1990)

독실한 기독교인이었던 슈바이처였지만 기독교가 묵인했던 여러 가지 비인도적 제도나 활동에 대해 문제를 제기한 거죠. 슈바이처는 오히려 기독교 외부에서 비롯된 인도주의 사상이 기독교에 자극을 주었다고 말합니다.

기독교도 근본적인 사색에서 오는 '경건'이라는 지하수를 필요로 한다. 인간의 사색에서 종교로 가는 길이 막혀 있지 않을 때에만 기독교는 실제로 정신적인 힘을 얻을 수 있다. …… 사색인은 전통적인 종교적 진리에 대하여 무사색의 사람보다 자유스럽게 대하는 법이다. ……

4부. 종교적 수행과 자유

만일 기독교가 어떠한 전통이나 생각을 고집함으로 말미암아 윤리적 종교적 사색이 이해할 수 없는 것이 된다면 이것은 기독교 자체를 위한, 또한 인류를 위한 대단한 불행이다. (슈바이처, 『나의 생애와 사상』, 유상우 옮김, 홍신문화사, 1990)

슈바이처가 강조하는 것은 '사색'이라는 정신적 힘입니다. 종교에서도 이 사색의 힘이 중요하다고 그는 강조합니다. 기독교가 비인도적인 것에 둔감해진 것은 전통이나 특정한 생각에 고착되어 자유로운 사색의 힘이 발휘되지 못했기 때문이라고 그는 말합니다. 슈바이처는 이런 기독교의 모습이 곧 불행스러운 것이라고 분명히 말하고 있지요. 하지만 지금은 어떤가요? 우리 사회에서 기독교에 대해 우려스러운 모습들이 많이 나타나는데도 정작 기독교 내에서는 적극적인 반성이나 대응이 너무 부족합니다. 이런 때일수록 슈바이처의 말이 뼈아프게 다가옵니다.

키에르케고어는
기독교인 스스로 돌아보라고 말한다

이제 키에르케고어 이야기를 조금 해보겠습니

다. 키에르케고어는 덴마크의 종교철학자입니다. 그는 당시 덴마크의 기독교가 국교로 되고 기독교 성직자들이 국가 고위 공무원이나 관료가 되면서 진정한 기독교의 정신이 쇠퇴하고 있는 모습을 신랄하게 비판합니다. 그 결과 그는 많은 기독교인들과 교회에 의해 배척을 당하거나 고소 고발을 당하기도 했지요. 그는 진정한 기독교인의 모습에서 한참 벗어나 있는 당시의 기독교를 계속 문제삼았습니다. 그는 판에 박힌 설교가 아니라 스스로 종교적 사색의 결과를 도덕적 이야기 형식으로 글을 썼습니다. 키에르케고어의 책인 『이방인의 염려』를 우리말로 옮긴 표재명 교수는 다음과 같이 이 책을 소개하고 있습니다.

> 『이방인의 염려』는 당시의 덴마크 교회에 만연해 있었을 뿐 아니라, 키에르케고어 자신에게도 있었던 불신앙의 덫이기도 했던 것이다. 그렇다면 이 염려는 그가 평생의 과제로 삼았던 '그리스도인이 되기' 위해 끊임없이 싸워야 했던 것이며, 이것을 키에르케고어는 그 자신의 삶의 체험을 통해서 고백한 것이라고 할 수 있을 것이다. (키에르케고어, 『이방인의 염려』, 표재명 옮김, 프리칭아카데미, 2005, 역자 해설 중에서)

표재명 교수가 이해한 키에르케고어는 '그리스도인이 되는 것'을 방해하는 모든 것들과 힘껏 싸운 사람입니다. 『이방인의 염려』에서는 불신앙의 덫으로 가난과 고귀, 불손과 우유부단, 변덕, 자학을 말하고 있어요. 그는 이 책에서 신앙인이라고 하면서 정작 물질만을 좇는 모습, 물질적 재산을 기준으로 사람들을 차별하는 모습, 자신의 내면에 있는 우월감과 열등감의 문제 등을 적나라하게 다루고 있습니다. 키에르케고어는 이런 문제들이 참된 종교적 삶을 어떻게 방해하는지 이야기합니다.

기독교인이면서 아무런 거리낌없이 돈을 밝히고 돈에 따라 사람을 차별하며 자신보다 못하다고 생각하는 것, 사람에게 함부로 대하거나 종교적 자만심으로 공격하고 경멸하는 현대의 일부 기독교인들의 모습에도 이러한 모습이 나타나고 있지 않습니까? 키에르케고어는 다음과 같이 말합니다.

새들 간의 이 하늘에서의 평등, 또는 하늘에서의 그들의 똑같은 높이, 이것은 영원한 생명의 고귀함과 공통되는 것을 가지고 있습니다. …… 하늘의 궁창 아래에는 참으로 넉넉한 자리가 있습니다. 거기에는 편협이 들어설 여지가 없는 것입니다. (키에르케고어, 『이방인의 염려』, 표재명 옮김, 프리칭아카데미, 2005)

참된 종교인의 삶에는 이 세상의 불평등을 넘어서서 모든 인간들에게 존재하는 하늘의 평등을 자각하는 모습이 들어 있습니다.

그 안에는 편협이 들어설 여지가 없다고 키에르케고어는 말하고 있습니다. 종교인을 표방하면서도 공공연히 차별을 외치고 위계질서를 강조하는 현대의 일부 종교인들과는 정말 다른 모습입니다.

최제우는 너의 마음과 나의 마음이 같다는 것을 깨달았다

그렇다면 동학을 창시한 우리나라의 종교사상가 최제우는 어떤 삶을 살았고 어떤 사상을 강조했을까요? 최제우는 불교와 유교 등 우리나라의 전통적인 학문과 종교 사상을 폄훼하고 물리력으로 제압하려는 서양의 물결에 과감히 맞서 동학이라는 종교 사상을 내세웁니다. 최제우는 동학의 핵심 정신을 다음과 같이 말합니다.

이 근래에 이르러서, 온 세상 사람들이 자기 자신만을 위하고 제멋대로 행하고자 하는 각자위심으로 살아가고 있다. 이렇듯 천리를 따르지 않고 또 천명을 돌아보지 않는 삶을 살아가니 이러한 세태를 바라보는 내 마음이 항상 두렵고 불안하여 어찌해야 할지 알지 못할 뿐이다. (최제우, 『동경대전』, 윤석산 옮김, 모시는사람들, 2014)

최제우의 탄식은 100년도 더 지난 현대에도 고스란히 전해지며 우리에게 울림을 줍니다. 저마다 각자위심, 각자도생의 삶 속에서 힘겨운 삶을 영위해가는 현대인들의 모습과 크게 다르지 않기 때문입니다. 최제우는 지배층의 착취와 외세의 정신적-물질적 공세에 들어 있는 인간 삶의 소외에 주목하고 그것이 천리와 천명을 외면하기 때문에 빚어지는 모습이라고 말합니다. 최제우가 말하는 천리와 천명은 단지 유교적 용어에 국한되는 것이 아니었습니다. 최제우는 동학의 핵심이 서학과 어떻게 다른지 다음과 같이 말합니다.

> 서양 사람들은 그 말에 차례가 없고 글에는 옳고 그른 것의 구분이 없다. 그러므로 한울님 위하는 공심은 없고 다만 자신 한 몸만을 위하는 사심으로 한울님께 자기 소원만 빈다. 그런 까닭으로 몸에는 한울님과 내가 서로 화하는 기화지신이 없다.……그러므로 한울님의 덕을 밝히고 밝혀 잠시도 한울님 모앙하는 마음을 잃지 않고 염념불망하면 지기에 지극히 화하여 지극한 성인의 경지에 이르게 된다. (최제우, 『동경대전』, 윤석산 옮김, 모시는사람들, 2014)

서양인들의 정신에는 오직 개인이 우주와 만물의 중심이라는 생각이 기초가 되고 있으니 서양인들의 종교에도 오로지 개인의 축복만을 바라는 것이 중심이 되고 있다는 것입니다. 하지만 최제우는 동학의 한울님은 개인을 넘어서는 것이라고 말합니다. 한울님과 자신의 몸이 서로 화하는 모습이 있다는 것이지요. 몸은 나의 개인의 몸이지만 이 몸은 동시에 만물과 연결되어 있고 한울님과 화합되어 있는 몸이기에 귀중한 것입니다. 각자위심의 개인의 몸이기에 귀중한 것이 아닙니다. 이렇게 동학의 사고방식은 서학의 사고방식과 달랐습니다.

최제우는 개인의 사사로운 삶에 주목한 것이 아니라 한 개인의 삶 속에 들어 있는 공적이고 영적인 삶을 더 진짜라고 본 것입니다. 이런 정신에서 독립운동이 가능할 수가 있었던 것이지요. 한울님의 덕을 밝히고 그와 하나가 되어 성인을 기약하는 삶이 곧 동학이 추구하는 종교적 삶이었습니다.

자, 어떤가요? 우리는 슈바이처와 키에르케고어 그리고 최제우의 말을 통해 종교인의 삶에 대한 어떤 힌트를 얻을 수 있습니다. 종교인의 삶은 각자의 이기적인 것을 넘어서는 어떤 것을 통찰하고 그와 하나가 되기 위해 노력하는 삶입니다. 그 삶은 노예인의 삶이 아니라 자유인의 삶입니다. 물론 그 과정에서 시행착오도 많이 있겠지만 그것을 넘어서서 종교인의 삶은 스스로 사색하고 문제를 제기하는 자유인의 정신을 잃지 않아야 합니다, 그래야 진정한 종교인의 삶입니다.

12장

종교로부터의 자유,
종교를 선택할 수 있는 자유,
종교 안에서 자유로울 수 있는 자유
— 종교도 배움과 이해의 대상이다

20대 청년과
50대 중년의 고민

어느덧 종교에 대해 공부하는 마지막 시간이 되었습니다. 우리가 이제까지 종교에 대해 이야기한 내용들은 특정 종교 조직이나 학교에서 충분히 배우거나 함께 토론해본 적이 드문 것들이었을 것입니다. 간혹 뉴스나 방송 프로그램 혹은 SNS 등을 통하여 접해본 내용들, 책을 통해 찾아본 내용들은 이런 종교 혹은 저런 종교에 대한 것을 다루는 것이 대부분이고, '종교 일반'을 다루는 것은 드물기 때문입니다. 특정 종교가 전파하는 내용을 한 발자국 떨어져서 좀 더 편안하고 객관적인 태도로 생각해볼 수 있는 시간을 여러분과 갖고 싶었던 거예요. 이제까지의 내용을 통해 내가 정말로 여러분에게 하고 싶은 말이 무엇이었을까요? 이미 눈치를 챈 사람들도 있겠지요? 이제 마지막 이야기를 풀어내려 합니다.

먼저 두 사례를 소개해보겠습니다. 한 명은 20대 초반의 젊은이고 다른 한 명은 50대 중반의 중년입니다. 20대 젊은이는 어려운 가정 형편과 불의의 사고로 잠시 일을 쉬고 있던 중 어떤 종교 조직에 들어가 열렬한 신자가 되었습니다. 50대 중년은 배우자의 무시와 폭력 속에서 수십 년을 지내다가 종교 조직에 들어가 10여 년이 넘도록 열심히 신앙생활을 하고 있습니다. 하지만 그들은 종교 활동을 하면서 고민도 많아졌음을 고백합니다. 그들의 고백을 들어볼까요?

나는 친한 친구의 소개로 이 종교 조직에 가입하고 곧바로 열정적인 신자가 되었습니다. 이 조직에 처음 들어왔을 때 모든 사람들이 매우 친절하고 다정했습니다. 나의 어려운 삶의 사정도 잘 들어주고 도와주기도 했어요. 하지만 시간이 지날수록 같은 종교 조직에서 활동하는 또래의 사는 모습과 나의 차이를 느끼게 됩니다. 그들은 너무 여유가 많고 잘 살기 때문에 그렇게 베풀기도 하는 것 같아요. 나는 점점 그들을 볼 때 콤플렉스를 느끼고 별로 만나고 싶지 않기도 합니다. 그런데

4부. 종교적 수행과 자유

이 종교 조직은 너무 자주 모임을 하자고 제안합니다. 없는 형편인데 이것저것 비용도 너무 많이 들어갑니다. 그런데 이전에 내가 받은 도움이나 호의를 생각하면 이 종교 활동을 그만두는 것은 또 도리가 아닌 것 같아요. 어떻게 해야 좋을지 모르겠습니다.

—20대 청년

얼마 전 동창 친구들 모임에 참석했어요. 한 동창의 배우자는 투병 중이었습니다. 그런데 종교 관련 이야기를 하다가 그만 그 배우자와 논쟁을 벌이게 되었어요. 나는 내가 믿는 종교에 대해 그가 모욕적인 이야기를 했다고 느꼈고 그 자리에서 화를 냈어요. 그리고 그 모임이 끝난 후 다른 동창 친구에게 이렇게 말해버렸습니다. "그 친구 배우자 얼굴을 보니 얼마 못 살겠더라." 그런데 2년 후에 정말 그 친구의 배우자 병세가 갑자기 악화되어 세상을 떠났습니다. 그 소식을 들은 후 죄책감이 듭니다. 나중에 알고 보니 그가 모욕을 준 것도 아니었고 단지 자신의 의견을 이야기한 것뿐이었는데 내가 왜 그토록 화를 내고 저주까지 했는지 모르겠습니다.

—50대 중년

이 청년과 중년은 지금 무슨 문제로 고민하고 있을까요? 종교적 신앙을 갖고 살아간다고 하면서도 삶에서 만나는 여러 상황들 때문에 고민을 하고 있습니다. 엄밀히 말해서 종교적 고민을 하고 있는 것은 아닙니다. 종교인이라면 이러이러하게 살아야 한다는 윤리의식을 갖고 있으며 그러한 윤리의식에 못 미치는 자신의 현실적인 모습 때문에 고민합니다. 우리 주변에 있는 종교인들 중에서 상당히 많은 사람들이 종교 활동을 하게 된 계기, 종교 활동을 통해 새롭게 생기게 된 고민들, 갈등들을 갖고 있지요. 종교 자체보다는 종교인들이나 종교 활동과 관련된 인간적 문제들로 고민합니다.

그들은 아마 종교 조직 내에서는 이런 고민들을 허심탄회하게 나눌 수 없었을 것입니다. 만약 이들이 자신이 속한 조직에서 종교 교리 문제뿐 아니라 그와 관련된 삶을 살아갈 때 부딪치는 여러 문제들에 대해 좀 더 자유롭게 이야기하고 토론할 수 있었다면 어땠을까요? 어쩌면 이런 문제들은 특정 종교가 해결하기 어려운 문제들이어서 지금 우리가 이야기하는 것과 같은 종교 교육 시간이 따로 필요한 것은 아닐까요? 만약에 학교나 어떤 다른 기관에서 '종교와 삶' 혹은 '종교와 윤리', '종교인들의 윤리적 갈등' 등에 대한 배움과 토론의 장이 있었다면 어땠을까요? 이들이 평소에 이런 배움의 기회를 더 많이 접할 수 있었다면 어땠을까요?

국제 바칼로레아(IB) 교육 과정에는
종교학 과목이 있다

IB 교육 과정이라는 것이 있습니다. 국제 바칼로레아 교육 과정이라고 부릅니다. 스위스에 본부를 두고 있는데요. 각국의 외교관이나 주재원들 자녀들을 대상으로 하는 국제학교에서 가르치고 배우는 교육 내용들을 관리하는 기관입니다. 이 교육 과정 중에 종교학 과목이 있습니다. 이 과목에는 우리가 그동안 학습했던 종교에 관한 다양한 지식과 이해의 내용들이 들어 있습니다. 국제적 종교 갈등 문제나 종교에 대한 바른 지식들이 제공됩니다. 이 과목은 10대에서 20대의 젊은이들이 앞으로 세상을 살면서 종교에 대해 편견이나 윤리적 갈등에 대해 지혜롭게 대처할 수 있는 기본 지식을 제공합니다.

나는 종교와 관련된 이런 배움의 내용이 한국 내의 모든 초, 중, 고등, 대학교나 종교 기관, 지방자치 단체가 운영하는 각종 교양교육 기관, 시민학교 등에서 가장 우선적으로 개설되어 운영이 되어야 한다고 생각합니다. 그래서 모든 사람들이 종교에 대해서도 국어와 수학, 영어를 배우듯이 꼭 필요한 기본 내용들을 배울 수 있도록 말입니다. 이제 종교 교육은 특정 종교 단체나 조직에서만 담당해서는 안 된다고 생각하는 것이지요. 왜일까요? IB 교육 과정에서는 왜 종교학 과목을 가르치고 배우게 했을까요? 국제적 안목을 기르는 청년들에게는 세계의 종교와 그 종교로 인해 생기는 각종 갈등과 이해 부족으로 인한 문제들을 잘 이해하고 잘 대처하는 힘과 지식이 필요하기 때문입니다. 이러한 지식과 힘이 국제학교에 다니는 소수의 학생들에게만 필요한 것일까요? 그렇지 않습니다. 우리나라는 하나의 종교만 존재하지 않고 각각 오랜 역사를 지닌 여러 종교들이 함께 있는 나라입니다. 그리고 이들 종교들 간에는 크고 작은 갈등이 계속 일어나고 있는 형편입니다.

종교의 선택은
가장 주체적인 조건에서 이뤄져야 한다

더욱 큰 이유는 우리가 특정 종교를 선택할 때 생깁니다. 우리 대부분은 특정 종교를 선택할 때 그 종교에 대한 지식이나 정보를 충분히 접하고 배울 수 있는 기회가 적습니다. 대부분 부모의 강력한 권고로 인해, 집안의 가르침의 일환으로 종교생활을 시작하게 됩니다. 또는 종교 이외의 상황, 예를 들면 경제적 어려움이나 가족의 죽음, 친구와의 우정, 특정한 호의에 이끌려 어떤 종교 조직에 가입하기도 하지요. 그런데 이것은 매우 조심해야 하는 상황입니다. 종교야말로 가장 주체적인 선택을 필요로 합니다. 그런데도 우리는 정반대로 즉흥적으로 선택하는 경우가 많아요. 결국 종교에 관한 배움과 사고의 발전은 대부분 특정 종교를 어정쩡하게 선택해버린 '이후에야' 시작하게 됩니다. 또는 그렇게 어정쩡하게 선택한 종교 때문에 문제가 생겨버린 '이후에야' 종교에 대해 배움과 지식을 갈망하게 되는 것입니다.

종교는 무엇보다 배움과 이해의 대상이 되어야 합니다. 종교는 가족의 강권이나 친구와의 우정, 경제적 호의나 심리적 친근감 때문에, 어떤 은혜에 보답하기 위해서 선택하는 것이 아닙니다. 종교는 자신의 삶의 가장 근본적인 가르침과 가치관을 담고 있습니다.

종교는 자기 스스로 그 내용을 잘 이해하고 그 종교의 역사적 흐름도 배우고 그런 다음에 조심스럽게 선택하는 것이어야 합니다. 그러지 않으면 종교에 대해 극단적인 태도를 갖게 될 위험이 있습니다. 종교를 선택하지 않으려는 무종교인에게도 종교에 대한 배움과 이해는 꼭 필요합니다. 무종교인으로 살아가는 것을 선택한다 하더라도 다른 종교인에 대해 품는 태도나 의견이 요즘과 같이 무지와 편견에 기초한, 몰상식한 것이 되면 안 되기 때문입니다. 종교인이 종교적 삶을 살아가겠다고 하는 데에는 나름대로의 영적 계기와 진지한 고심의 과정이 있는 거예요. 그런데도 요즈음 적지 않은 비종교인이나 무종교인들이 종교인에게 보내는 조롱이나 비판의 태도는 도를 넘어선 면이 있습니다.

종교도 배움과 이해의 대상이다

종교에 대한 배움과 이해가 커질수록 주체적으로 종교를 선택할 수 있는 자유를 갖출 수 있습니다. 또한 특정 종교에만 무조건 집착하여 다른 종교를 적대적으로 배타시하거나 그들에게 비윤리적 행동을 저지르지 않을 수 있습니다. 종교에 대한 배움과 이해가 커질수록 종교와 무조건 단절하거나 억압하거나 무시하거나 그로부터 떠나게 되지 않을 수 있습니다. 종교와 평화롭게 공존할 수 있는 자유를 갖출 수 있게 됩니다. 하지만 안타깝게도 종교와 정치에 관해 토론하거나 의견을 나누는 일은 좀처럼 기피의 대상이 됩니다. 왜일까요? 종교와 정치에 대해 서로 배우고 이해하면서 대화하는 방법을 잘 모르기 때문이 아닐까요? 익숙하지 않고 경험도 적기 때문입니다.

종교는 배우고 익히는 지식과 이해의 대상이 되어야 합니다. 수학과 과학을 배우지 않고 살 수 없기에 학교에서는 필수적으로 가르칩니다. 외국어를 배우는 일도 마찬가지입니다. 그와 마찬가지로 종교도 특정 종교에 입문하기 위해, 필요한 것이 아니라, 인간으로서 현대 사회에서 인간답게 살기 위해서 필요한 것입니다. 일상적 대화에서 종교 문제나 정치 문제에 대해 걸핏하면 싸우게 되거나 걸핏하면 상대를 무시하거나 오해하게 되는 데에는 바른 종교 교육이나 바른 정치 교육의 경험이 부족하기 때문이지요.

바른 종교 교육에서는 종교를 무조건적으로 찬양하거나 무조건적으로 배척하지 않습니다. 종교는 인간의 오랜 역사와 문명과 함께해온 정신적 산물이고 문화입니다. 종교는 삶과 죽음을 경험하는 인간이 한시적 생명으로 살면서도 영원한 것에 대한 영적 갈망과 탐색을 통해 함께 축적해가는 소중한 정신 문화입니다. 종교는 한 개인의 삶의 중심이 되어 그 삶을 이끌어가는 정신적 동력이자 표준이 되기도 합니다. 종교는 한 집단이나 한 국가로 하여금 공동체적 정체성을 갖게 만들기도 합니다.

물론 이 과정에서 종교는 여러 가지 부정적 면들을 보이기도 했지요. 앞에서 나는 종교와 관련된 여러 부정적 면들도 적지 않게 다루었습니다. 그 때문에 현대 사회에서 종교적 영향력이나 종교적 가치들이 예전과는 달리 감소되는 추세에 있다고 말했고요. 하지만 그에 못지않게 현대를 살아가는 개인들은 여전히 영적이고 종교적인 갈증과 갈망을 갖고 있습니다. 현대인의 종교적 갈망과 갈증에 답할 수 있기 위해서는 먼저 '종교 일반'에 대해 배우고 이해해야 합니다. 그것이 무엇보다 중요합니다. 이런 과정을 충실히 밟은 사람은 종교를 떠나 있어도 종교를 존중할 줄 알게 됩니다. 또한 특정한 종교 안에 살고 있어도 다른 종교 역시 존중할 줄 알게 됩니다.

어떤 사람들은 다음과 같이 주장할지 모릅니다. 종교는 '머리'로 믿는 것이 아니라 '가슴'으로 믿는 것이라고요. 이러한 주장은 매우 위험합니다. 역사상 어떤 종교도 학문적 탐구와 그에 의한 이론적 해석과 해명이 뒷받침되지 않은 적이 없었습니다. 일부 종교 지도자들은 대중의 무지몽매함을 악용하여 자신의 독점적인 권력을 누리기도 했고, 대중적 열정만을 부추겨서 엄청난 규모의 종교적 부흥이나 종교운동을 펼치기도 했습니다. 하지만 이 모든 모습들이 긍정적인 결과만을 가져왔다고 보기는 어렵습니다.

종교도 선택의 대상이라고 말하고, 종교도 배움과 이해의 대상이라고 말해도 그것은 우리가 시장에서 마치 물건을 구입하여 사용하고 버리는 것과 같이 대하라는 뜻은 아닙니다. 종교에 대한 배움이나 이해 역시 성실하고 끈질긴 태도를 필요로 합니다. 종교 경전들에 쓰인 언어들은 매우 은유적이고 상징적인 내용들이 많기 때문입니다. 그것은 조심스럽게 분석되고 이해되어야 하는 것들입니다. 일부 사이비 종교 지도자들은 이런 점을 악용하여 제멋

4부. 종교적 수행과 자유

대로 독단적으로 해석한 내용들을 신자들에게 퍼뜨려 그들의 몸과 정신을 마비시킵니다. 하지만 대부분 역사적으로 이러한 시도들은 정당한 처벌을 받게 됩니다. 그래서 가장 신뢰할 만한 평가는 '시간의 단련이 주는 평가'라고 말합니다.

오랜 시간이 지나도 여전히 종교적 은유나 가르침이 인간의 삶과 정신에 미치는 힘이 존재합니다. 그렇기 때문에 오늘날과 같은 탈종교적 사회나 극심한 종교 갈등의 사회에서도 종교는 소중합니다.

자신 안의 종교성을 들여다보기를 바라며

이 책을 다 읽고 이 글을 만나게 된다면, 여러분 중에는 이런 질문을 하는 친구가 있을지 모릅니다. '솔직히 나는 젊은데, 종교는 나이 많은 사람들이나 죽음을 앞두고 있거나 많이 아픈 사람들, 살다가 엄청난 위기가 닥친 사람들이 찾는 것 아닐까? 바로 지금, 내가 종교에 대해 알아야 할 필요가 있을까?'

그래요. 여러분 부모 세대나 조부모 세대의 어른들은 역사적으로 엄청난 삶의 위기들을 함께 겪어오신 분들이지요. 또한 그 시대에는 모두가 물질적으로 넉넉하지 못했습니다. 오늘날 여러분은 전쟁이나 극한 빈곤 속에 항상 노출되어 있다고 보기는 어려워요. 하지만 우리 시대의 여러분 역시 각자 삶의 어려움들을 갖고 있지 않나요? 오히려 예전에는 모두 다 힘들었고, 모두 다 어려

웠기 때문에 좀처럼 드러나지 않았던 것들이 요즘에는 더욱 노골적으로 우리 각자 앞에 나타나고 있지 않나요?

우리는 너무 지나친 경쟁 속에서 살고 있습니다. 물질적으로 너무 차이가 나는 환경 속에서 살고 있어요. 점점 맘 편하게 우정을 나누기도 어려워지고, 순수하게 사랑에 빠지기도 힘들어지고 있어요. 너와 내가 서로 떨어져서 모두 각자 열심히 살지만, 우리가 함께 연결되어 있다는 느낌은 점점 희미해지고 있어요. 우리 주변에서 마음이 아파 힘들어하는 사람들이 점점 늘어나고 있는 거죠. 여행이나, 병원이나, 가족이나, 학교나, 친구나, 오락이나, 음악이나, 스포츠나 우리 곁에서 우리에게 즐거움과 위안, 안정과 행복을 가져다준다고 생각했던 그 모든 것들이 한순간에 사라져 버리거나, 함께 있다 해도 이제는 물질의 소유 정도에 따라 점점 불평등해지고 있습니다.

여러분은 '맘몬'이라는 말을 들어본 적이 있나요? 서양 기독교 경전에 나오는 물신입니다. 물질이라는 신이에요. 돈이라는 신이지요. 또 여러분은 '마구니'라는 말을 들어본 적이 있나요? 동양 불교 경전에 나오는 악한 세력입니다. 사악해서 나를 혼란에 빠지게 하고 쓰러뜨립니다. 동양과 서양의 종교는 모두 우리가 삶을 살아갈 때에 매우 경계하지 않으면 안 되는 강력한 힘을 말하고 있어요. 서양에서 그것은 물질, 곧 돈이라는 신이고, 동양에서

자신 안의 종교성을 들여다보기를 바라며

그것은 잘못된 지식이나 믿음으로 이끄는 유혹적 힘입니다. 종교에서는 삶을 살아갈 때 너무 강력해서 우리의 눈과 귀, 행동을 마비시키고 잘못된 길로 빠지게 하는 것들이 있다고 본 거예요. 그건 가난이나 질병, 전쟁과 같은 것이 아닙니다. 오히려 그러한 고난은 극복하는 힘에 따라 사람을 성숙하게 만든다고 말하지요. 하지만 맘몬이나 마구니는 우리를 망하게 하는 세력이라서 많이 경계합니다.

우리가 지금 당장 종교에 대해 알고 배워야 하는 이유는 이런 세력이 진짜 뭘 원하는지 알아차려야 하기 때문입니다. 종교는 우리의 삶과 마음의 가장 근본적인 디딤돌, 튼실한 기초를 만나게 해주기 때문이에요. 우리 모두는 종교적 존재예요. 그 말은 우리 모두가 각각의 존재 '안에' 진리와 자유를 갖고 있는 존재라는 뜻이에요. 이 진리와 자유라는 힘을 통해 스스로 주체적으로 살아갈 수 있는 안목을 키울 수 있답니다. 여러분 모두 자신 안의 종교성을 들여다보기 바랍니다. 뭔가가 분명히 발견될 거예요. 그건 바로 여러분 자신, 참된 자신이지요.

2021년 11월
박정원

참고문헌

김정환 외, 『잘사는 작은 나라』, 흥사단출판부, 1985.

네루, 『인도의 명상』, 이극찬 옮김, 삼성미술문화재단, 1981.

대한성서공회, 『공동번역성서』, 대한성서공회, 2017.

몰리에르, 『타르튀프·서민귀족』, 극예술연구회 옮김, 동문선, 2000.

베르댜예프, 『노예냐, 자유냐』, 이신 옮김, 늘봄출판사, 2015.

손영광, 「아담 이야기가 끼친 종교의식 비교 연구―유대교와 기독교와 이슬람교를 중심으로」, 《한국중동학회논총》 35권 1호, 2014.

슈바이처, 『나의 생애와 사상』, 유상우 옮김, 홍신문화사, 1990.

스에키 후미히코, 『일본종교사』, 백승연 옮김, 논형, 2009.

오마르 하이염, 『로버이어트』, 최인화 옮김, 필요한책, 2019.

에크하르트, 『마이스터 에크하르트 독일어설교 1』, 이부현 옮김, 누멘, 2010.

『우파니샤드』, 이재숙 옮김, 한길사, 1996.

윤원근, 『막스 베버 프로테스탄트 윤리와 자본주의 정신』, 주니어김영사, 2019.

윤혜진, 『인도음악』, 일조각, 2009.

이경엽, 『씻김굿: 삶의 끝자락에서 펼치는 축제』, 민속원, 2009.

이미륵, 『압록강은 흐른다』, 박균 옮김, 살림출판사, 2016.

이영호, 『동학 천도교와 기독교의 갈등과 연대, 1893~1919』, 푸른역사, 2020.

이영희, "인도 교과서에서 간디-네루가 사라진다? 모디 정부 '교과서 다시쓰기' 논란", 《중앙일보》 2018년 6월 19일자 기사.

지눌, 『절요: 선의 종착지로 가는 길』, 원순 옮김, 법공양, 2017.

최제우, 『동경대전』, 윤석산 옮김, 모시는사람들, 2014.

최혜진, "목소리 높이기보다 신선하게 설득하고 싶어요", 《한겨레》 2021년 2월 6
    일자 기사.

키에르케고어, 『이방인의 염려』, 표재명 옮김, 프리칭아카데미, 2005.

표신중, 「2018년 연등회」, 『표신중을 다시 만나다: 표신중의 예술미학과 실천』,
    2021.

표재명, 『덴마크에서 날아온 편지』, 박정원 엮음, 드림디자인, 2021.

후쿠타 세이지, 『국제바칼로레아의 모든 것』, 교육을바꾸는사람들 옮김, 21세기
    교육연구소, 2019.

DVD

〈레미제라블〉, 뮤지컬 10주년 기념공연 DTS, 다우리엔터테인먼트, 2009.

〈바흐: 마태 수난곡〉, 존 엘리엇 가디너 지휘, 아카이브 프로덕션, 1989.

〈요요마와 실크로드 앙상블〉, 모건 네빌 감독, 2015.

〈요요마의 바흐 프로젝트: 무반주 첼로 모음곡〉, 2020.

〈지붕 위의 바이올린〉, 노만 주이슨 감독, MGM엔터테인먼트, 2005.

〈지저스 크라이스트 슈퍼스타〉, 노만 주이슨 감독, 유니버셜, 2004.

〈한국의 전통음악—한국의 악기 3편 거문고〉, EBS미디어센터, 2008.

청소년, 교사, 학부모를 위한 즐거운 공부 시리즈

청소년을 위한 사진 공부
사진을 잘 찍는 법부터 이해하고 감상하는 법까지

홍상표 지음 | 128×188mm | 268쪽 | 13,000원

20여 년을 사진작가로 활동해온 저자가 사진의 탄생, 역사와 의미부터 사진 촬영의 단순 기교를 넘어 사진으로 무엇을, 어떻게 소통할지를 흥미롭고 재미있게 들려주는 책이다.

책따세 겨울방학 추천도서

청소년을 위한 시 쓰기 공부
시를 잘 읽고 쓰는 방법

박일환 지음 | 128×188mm | 232쪽 | 12,000원

시라는 게 무엇이고, 사람들이 왜 시를 쓰고 읽는지, 시와 일상은 서로 어떻게 연결되고 있는지, 실제로 시를 쓸 때 도움이 되는 이론과 방법까지 쉽고 재미있게 풀어내는 책이다.

행복한아침독서 '함께 읽어요' 추천도서

청소년을 위한 철학 공부
열두 가지 키워드로 펼치는 생각의 가지

박정원 지음 | 128×188mm | 252쪽 | 13,000원

시간과 나, 거짓말, 가족, 규칙, 학교, 원더랜드, 추리놀이, 소유와 주인의식, 기억과 망각 등 우리 삶과 떼려야 뗄 수 없는 주제들로 독자들이 흥미롭고 재미있게 철학에 접근할 수 있도록 펴낸 길잡이 책이다.

청소년을 위한 보컬트레이닝 수업
제대로 된 발성부터 나만의 목소리로 노래 부르기까지

차태휘 지음 | 128×188mm | 248쪽 | 13,000원

건강하게 목소리를 사용하고 노래를 잘 부르기 위해 알아야 할 몸의 구조부터 호흡과 발성법, 연습곡의 선별 기준 등등 기본기를 확실히 익힐 수 있는 보컬트레이닝의 세계로 안내하는 책이다.

학교도서관저널 추천도서

1인 방송 시작하는 법
유튜브, 트위치, 아프리카, 청소년을 위한
나만의 인터넷 방송 만들기

김기한 지음 | 128×188mm | 224쪽 | 12,000원

나만의 1인 방송을 어떻게 잘 만들 수 있을까? 자기 탐색, 프로그램 구상, 촬영 장비 세팅, 미니 스튜디오 만들기, 동영상 편집하기, 구독자 늘리는 법까지 알짜 노하우를 익힐 수 있는 책이다.

책씨앗 최고의 책 · 세종도서 교양부분 선정

팬픽으로 배우는 웹소설 쓰는 법
청소년을 위한 소설 글쓰기의 기본

차윤미 지음 | 128×188mm | 232쪽 | 12,000원

아이돌 팬픽을 소재로 누구나 쉽고 재미있게 소설 글쓰기에 다가갈 수 있도록 구성된 책으로, 내가 왜 글을 쓰는지, 내가 왜 세상의 반응을 궁금해하는지 등을 곰곰이 생각해볼 수 있다.

청소년, 교사, 학부모를 위한 즐거운 공부 시리즈

삶의 무기가 되는 속담 사전
544가지 속담으로 키우는 지식과 지혜

권승호 지음 | 128×188mm | 600쪽 | 20,000원

속담으로 보는 너와 나, 우리, 사회와 세상 이야기! 365일 마음공부 속담 사전! 속담은 나침반이고 보물창고이며 우리를 비추는 거울이다. 인간을 이해하고 우리 사회와 세상을 알아가는 데 도움이 되는 속담들을 엄선해 풀어냈다.

망우리공원 인물열전
대한민국 근현대사를 꿰뚫는 낙이망우 사색의 인문학

정종배 지음 | 153×180mm | 708쪽 | 33,000원

독립지사 등 유명인사들과 서민들, 정치깡패와 친일문제까지 대한민국 근현대사의 보고 망우리공원에 잠든 130여 인물들의 이야기를 오롯이 담아낸 교양 인물 사전이다. 너와 나, 우리를 위해 기억해야 할 역사의 이름들을 만나보자!

그림으로 배우는 지층의 과학
지구 땅속 활동을 속속들이 파헤친다!

모쿠다이 구니야스 글 | 사사오카 미호 그림 | 박제이 옮김
최원석 감수 | 148×210mm | 152쪽 | 15,000원

지층이란 무엇일까? 지층의 줄무늬는 왜 생길까? 지층의 이름은 어떻게 붙일까? 암석과 화석을 통해 알 수 있는 것은? 산이 무너지고 강이 흐르는 원리는? 등등, 흥미진진 신비로운 지층의 세계를 재미있는 그림으로 알기 쉽게 설명하는 책이다.

학교도서관저널 추천도서

체험학습으로 만나는 제주신화
청소년, 교사, 학부모를 위한

여연 글 | 김일영 사진 | 128×188mm | 244쪽 | 15,000원

인간과 자연에 대한 문화적 안목을 길러주는 '가장 생생한 제주 여행' 안내서! 학생들의 체험학습부터 단체 수학여행, 가족과 함께하는 문화기행까지 제주의 산과 바다, 마을 길을 걸으며 창의력과 상상력의 보고 제주신화를 배우고 느낄 수 있게 해준다.

우리 아이 첫 음악 수업
현직 교사들이 알려주는 부모가 알아야 할 음악 교육의 모든 것

이준권, 정지혼 지음 | 142×215mm | 312쪽 | 18,000원

우리 아이 음치 탈출부터 음악 재능을 찾는 법까지, 즐기고 만끽하고 자존감을 높이는 오감만족 음악 공부! 아이와 부모가 행복하게 소통하는 슬기로운 음악 교육의 해법을 진솔하게 안내한다.

학교도서관저널 추천도서

사이언스 조크
과학 덕후들의 신묘한 지적 웃음의 세계

고타니 다로 글 | 문승준 옮김 | 128×188mm | 180쪽 | 15,000원

웃긴 수학자나 물리학자부터 천재 과학자의 엉뚱한 행동, 과학법칙의 기발한 패러디, 웃음을 참을 수 없는 유사과학, 연구와 과제로 신음하는 과학도들의 웃픈 이야기까지, 바야흐로, 과학을 조크로 즐길 때가 되었다!